원작 **K-PRODUCTION**

1976년 창립한 이래 30년 이상 해외 애니메이션 공동 제작을 통해 얻은
축적된 기술력과 안정된 조직력을 바탕으로 창작 애니메이션의
기획, 제작을 지속적으로 해 왔으며, 국내 시장 및 해외 시장에서
적극적인 One Source Multi-Use(한 콘텐츠를 다양한 용도로 사용하는 것)를
실현하고 있는 애니메이션 전문 기획, 제작 배급 기업입니다. 대표작으로,
한·말레이시아 장편 애니메이션 〈내 사랑 똥〉, 한·태국 최초 장편 애니메이션
〈사이킥 히어로〉, KBS 드라마 시트콤 〈반쪽이〉 애니메이션,
쌀·곡식 액션 3D 애니메이션 〈라이스맨〉 등이 있습니다.
MBC TV에서 방영된 〈타스의 풀이풀이 사자성어〉는
캐릭터 디자인 제작 전반에 걸친 모든 작업을 K-PRODUCTION에서 총괄하는
순수 창작 애니메이션으로, 캐릭터 상품 및 교제로 개발 진행 중입니다.

타스의 따라쓰기
풀이풀이 사칙연산

펴낸날 2018년 8월 3일 초판 1쇄
펴낸곳 (주)꿈소담이
펴낸이 이준하
원 작 K-PRODUCTION
주 소 (우)02834 서울시 성북구 성북로8길 29 B1
전 화 747-8970(대표) / 741-8971(영업) / 742-8902(편집)
팩 스 747-3238
등록번호 제6-473호(2002. 9. 3)
홈페이지 www.dreamsodam.co.kr
북 카 페 cafe.naver.com/sodambooks
전자우편 isodam@dreamsodam.co.kr

TASS©K-PRODUCTION All right reserved.
ISBN 978-89-5689-347-1 74410
　　　　 978-89-5689-343-3 74080(세트)

＊책 가격은 뒤표지에 있습니다.
＊꿈소담이의 좋은 책들은 어린이와 세상을 잇는 든든한 다리입니다.

차례

사칙연산, 넌 누구니? — 7

사칙연산 기초 다지기 — 11
덧셈 — 12
뺄셈 — 22
곱셈 — 28
나눗셈 — 36

사칙연산 실전 다지기 - 혼합 계산 ① — 39
덧셈·뺄셈 혼합 계산 — 40
덧셈·곱셈 괄호가 없는 혼합 계산 & 괄호가 있는 혼합 계산 — 52
덧셈·나눗셈 괄호가 없는 혼합 계산 & 괄호가 있는 혼합 계산 — 86
덧셈·뺄셈·곱셈 괄호가 없는 혼합 계산 & 괄호가 있는 혼합 계산 — 120
덧셈·뺄셈·나눗셈 괄호가 없는 혼합 계산 & 괄호가 있는 혼합 계산 — 134

사칙연산 실전 다지기 - 혼합 계산 ② — 149
덧셈·뺄셈·곱셈·나눗셈 괄호가 없는 혼합 계산 & 괄호가 있는 혼합 계산 — 150

정답 — 163

사칙연산, 넌 누구니?

수에 관한 덧셈, 뺄셈, 곱셈, 나눗셈의 네 가지 종류의 계산법을 '사칙계산'이라고 해. 그리고 **덧셈, 뺄셈, 곱셈, 나눗셈이 섞여 있는 식을 계산하는 것을 사칙연산**이라고 하지. 사칙연산을 할 때는 정해진 순서가 있어. 보통 왼쪽에서 오른쪽, 그러니까 앞에서부터 뒤로 차례대로 계산하면 되지. 그런데 이때 먼저 계산해야 할 것이 있어. 곱셈이나 나눗셈이 있다면 **곱셈이나 나눗셈을 먼저 계산**해야 하고, **괄호가 있다면 괄호가 있는 식부터 먼저 계산**해야 해. 어때, 쉽지?

뭐라는 소리인지….

그거 먹는 거야?

덧셈, 뺄셈, 곱셈, 나눗셈이라잖아!

아, 벌써 머리 아파! 난 잠이나 잘래!

난 하나도 안 어려워.

거짓말! 너 뿔 자랐다!

다들 조용조용! 발명왕인 내가 **사칙연산의 계산 순서**를 쉽게 정리해 두었으니 따라 쓰면서 익혀 봐. "아하, 이렇게 하는 거구나! 정말 쉽네." 하는 말이 나올 거야. 그리고 앞으로 소개할 각각의 계산식에서 타스가 한 번씩 더 정리해 줄 거니까 절대 잊지 않을 거야.

사칙연산의 계산 순서

덧셈과 뺄셈이 섞여 있다면 앞에서부터 차례대로 계산한다.
덧셈과 뺄셈이 섞여 있다면 앞에서부터 차례대로 계산한다.

덧셈과 곱셈이 섞여 있다면, 곱셈 먼저 계산한다.
괄호가 있다면, 괄호가 있는 식부터 먼저 계산한다.
덧셈과 곱셈이 섞여 있다면, 곱셈 먼저 계산한다.
괄호가 있다면, 괄호가 있는 식부터 먼저 계산한다.

덧셈과 나눗셈이 섞여 있다면, 나눗셈 먼저 계산한다.
괄호가 있다면, 괄호가 있는 식부터 먼저 계산한다.
덧셈과 나눗셈이 섞여 있다면, 나눗셈 먼저 계산한다.
괄호가 있다면, 괄호가 있는 식부터 먼저 계산한다.

덧셈과 뺄셈, 곱셈이 섞여 있다면,
곱셈 먼저 계산하고, 앞에서부터 차례대로 계산한다.
괄호가 있다면, 괄호가 있는 식부터 먼저 계산한다.
덧셈과 뺄셈, 곱셈이 섞여 있다면,
곱셈 먼저 계산하고, 앞에서부터 차례대로 계산한다.
괄호가 있다면, 괄호가 있는 식부터 먼저 계산한다.

문장을 큰 소리로 읽고 따라 쓰면서 순서를 익혀 봐. 귀찮게 따라 써야 해?

덧셈과 뺄셈, 나눗셈이 섞여 있다면,
나눗셈 먼저 계산하고, 앞에서부터 차례대로 계산한다.
괄호가 있다면, 괄호가 있는 식부터 먼저 계산한다.

덧셈과 뺄셈, 나눗셈이 섞여 있다면,
나눗셈 먼저 계산하고, 앞에서부터 차례대로 계산한다.
괄호가 있다면, 괄호가 있는 식부터 먼저 계산한다.

덧셈과 뺄셈, 곱셈과 나눗셈이 모두 섞여 있다면,
곱셈과 나눗셈을 먼저 계산한 뒤 앞에서부터 차례대로 계산한다.
이때 곱셈과 나눗셈은 앞에서부터 차례대로 계산한다.
괄호가 있다면, 괄호가 있는 식부터 먼저 계산한다.

덧셈과 뺄셈, 곱셈과 나눗셈이 모두 섞여 있다면,
곱셈과 나눗셈을 먼저 계산한 뒤 앞에서부터 차례대로 계산한다.
이때 곱셈과 나눗셈은 앞에서부터 차례대로 계산한다.
괄호가 있다면, 괄호가 있는 식부터 먼저 계산한다.

덧셈, 뺄셈, 곱셈, 나눗셈
기초는 너무 쉽다면
나처럼 그냥 넘어가도 돼~

🧒 숫자를 따라 쓰며 덧셈을 익혀 봐.

1 + 0 = 1

1 + 1 = 2

1 + 2 = 3

1 + 3 = 4

1 + 4 = 5

1 + 5 = 6

1 + 6 = 7

1 + 7 = 8

1 + 8 = 9

1 + 9 = 10

1 + 10 = 11

숫자를 따라 쓰며 덧셈을 익혀 봐.

2 + 0 = 2

2 + 1 = 3

2 + 2 = 4

2 + 3 = 5

2 + 4 = 6

2 + 5 = 7

2 + 6 = 8

2 + 7 = 9

2 + 8 = 10

2 + 9 = 11

2 + 10 = 12

🧒 숫자를 따라 쓰며 덧셈을 익혀 봐.

3 + 0 = 3

3 + 1 = 4

3 + 2 = 5

3 + 3 = 6

3 + 4 = 7

3 + 5 = 8

3 + 6 = 9

3 + 7 = 10

3 + 8 = 11

3 + 9 = 12

3 + 10 = 13

숫자를 따라 쓰며 덧셈을 익혀 봐.

4 + 0 = 4

4 + 1 = 5

4 + 2 = 6

4 + 3 = 7

4 + 4 = 8

4 + 5 = 9

4 + 6 = 10

4 + 7 = 11

4 + 8 = 12

4 + 9 = 13

4 + 10 = 14

숫자를 따라 쓰며 덧셈을 익혀 봐.

5 + 0 = 5

5 + 1 = 6

5 + 2 = 7

5 + 3 = 8

5 + 4 = 9

5 + 5 = 10

5 + 6 = 11

5 + 7 = 12

5 + 8 = 13

5 + 9 = 14

5 + 10 = 15

숫자를 따라 쓰며 덧셈을 익혀 봐.

6 + 0 = 6

6 + 1 = 7

6 + 2 = 8

6 + 3 = 9

6 + 4 = 10

6 + 5 = 11

6 + 6 = 12

6 + 7 = 13

6 + 8 = 14

6 + 9 = 15

6 + 10 = 16

숫자를 따라 쓰며 덧셈을 익혀 봐.

7 + 0 = 7

7 + 1 = 8

7 + 2 = 9

7 + 3 = 10

7 + 4 = 11

7 + 5 = 12

7 + 6 = 13

7 + 7 = 14

7 + 8 = 15

7 + 9 = 16

7 + 10 = 17

숫자를 따라 쓰며 덧셈을 익혀 봐.

8 + 0 = 8
8 + 1 = 9
8 + 2 = 10
8 + 3 = 11
8 + 4 = 12
8 + 5 = 13
8 + 6 = 14
8 + 7 = 15
8 + 8 = 16
8 + 9 = 17
8 + 10 = 18

숫자를 따라 쓰며 덧셈을 익혀 봐.

9 + 0 = 9

9 + 1 = 10

9 + 2 = 11

9 + 3 = 12

9 + 4 = 13

9 + 5 = 14

9 + 6 = 15

9 + 7 = 16

9 + 8 = 17

9 + 9 = 18

9 + 10 = 19

숫자를 따라 쓰며 덧셈을 익혀 봐.

10 + 0 = 10

10 + 1 = 11

10 + 2 = 12

10 + 3 = 13

10 + 4 = 14

10 + 5 = 15

10 + 6 = 16

10 + 7 = 17

10 + 8 = 18

10 + 9 = 19

10 + 10 = 20

숫자를 따라 쓰며 뺄셈을 익혀 봐.

10 - 0 = 10

10 - 1 = 9

10 - 2 = 8

10 - 3 = 7

10 - 4 = 6

10 - 5 = 5

10 - 6 = 4

10 - 7 = 3

10 - 8 = 2

10 - 9 = 1

10 - 10 = 0

숫자를 따라 쓰며 뺄셈을 익혀 봐.

9 − 0 = 9

9 − 1 = 8

9 − 2 = 7

9 − 3 = 6

9 − 4 = 5

9 − 5 = 4

9 − 6 = 3

9 − 7 = 2

9 − 8 = 1

9 − 9 = 0

숫자를 따라 쓰며 뺄셈을 익혀 봐.

8 - 0 = 8

8 - 1 = 7

8 - 2 = 6

8 - 3 = 5

8 - 4 = 4

8 - 5 = 3

8 - 6 = 2

8 - 7 = 1

8 - 8 = 0

숫자를 따라 쓰며 뺄셈을 익혀 봐.

7 - 0 = 7

7 - 1 = 6

7 - 2 = 5

7 - 3 = 4

7 - 4 = 3

7 - 5 = 2

7 - 6 = 1

7 - 7 = 0

이거야 식은 죽 먹기지~

숫자를 따라 쓰며 뺄셈을 익혀 봐.

6 - 0 = 6
6 - 1 = 5
6 - 2 = 4
6 - 3 = 3
6 - 4 = 2
6 - 5 = 1
6 - 6 = 0
5 - 0 = 5
5 - 1 = 4
5 - 2 = 3
5 - 3 = 2
5 - 4 = 1
5 - 5 = 0

숫자를 따라 쓰며 뺄셈을 익혀 봐.

4 − 0 = 4
4 − 1 = 3
4 − 2 = 2
4 − 3 = 1
4 − 4 = 0
3 − 0 = 3
3 − 1 = 2
3 − 2 = 1
3 − 3 = 0
2 − 0 = 2
2 − 1 = 1
2 − 2 = 0

숫자를 따라 쓰며 2단을 익혀 봐.

2 × 1 = 2
이 　 일은 　 이

2 × 2 = 4
이 　 이는 　 사

2 × 3 = 6
이 　 삼은 　 육

2 × 4 = 8
이 　 사 　 팔

2 × 5 = 10
이 　 오 　 십

2 × 6 = 12
이 　 육 　 십이

2 × 7 = 14
이 　 칠 　 십사

2 × 8 = 16
이 　 팔 　 십육

2 × 9 = 18
이 　 구 　 십팔

숫자를 따라 쓰며 3단을 익혀 봐.

3 × 1 = 3
삼   일은   삼

3 × 2 = 6
삼   이   육

3 × 3 = 9
삼   삼은   구

3 × 4 = 12
삼   사   십이

3 × 5 = 15
삼   오   십오

3 × 6 = 18
삼   육   십팔

3 × 7 = 21
삼   칠   이십일

3 × 8 = 24
삼   팔   이십사

3 × 9 = 27
삼   구   이십칠

숫자를 따라 쓰며 4단을 익혀 봐.

4 × 1 = 4
사   일은   사

4 × 2 = 8
사   이   팔

4 × 3 = 12
사   삼   십이

4 × 4 = 16
사   사   십육

4 × 5 = 20
사   오   이십

4 × 6 = 24
사   육   이십사

4 × 7 = 28
사   칠   이십팔

4 × 8 = 32
사   팔   삼십이

4 × 9 = 36
사   구   삼십육

숫자를 따라 쓰며 5단을 익혀 봐.

5 × 1 = 5
오   일은 오

5 × 2 = 10
오   이   십

5 × 3 = 15
오   삼   십오

5 × 4 = 20
오   사   이십

5 × 5 = 25
오   오   이십오

5 × 6 = 30
오   육   삼십

5 × 7 = 35
오   칠   삼십오

5 × 8 = 40
오   팔   사십

5 × 9 = 45
오   구   사십오

🧒 숫자를 따라 쓰며 6단을 익혀 봐.

6 × 1 = 6
육　일은　육

6 × 2 = 12
육　이　십이

6 × 3 = 18
육　삼　십팔

6 × 4 = 24
육　사　이십사

6 × 5 = 30
육　오　삼십

6 × 6 = 36
육　육　삼십육

6 × 7 = 42
육　칠　사십이

6 × 8 = 48
육　팔　사십팔

6 × 9 = 54
육　구　오십사

숫자를 따라 쓰며 7단을 익혀 봐.

7 × 1 = 7
칠   일은   칠

7 × 2 = 14
칠   이   십사

7 × 3 = 21
칠   삼   이십일

7 × 4 = 28
칠   사   이십팔

7 × 5 = 35
칠   오   삼십오

7 × 6 = 42
칠   육   사십이

7 × 7 = 49
칠   칠   사십구

7 × 8 = 56
칠   팔   오십육

7 × 9 = 63
칠   구   육십삼

숫자를 따라 쓰며 8단을 익혀 봐.

8 × 1 = 8
팔　일은　팔

8 × 2 = 16
팔　이　십육

8 × 3 = 24
팔　삼　이십사

8 × 4 = 32
팔　사　삼십이

8 × 5 = 40
팔　오　사십

8 × 6 = 48
팔　육　사십팔

8 × 7 = 56
팔　칠　오십육

8 × 8 = 64
팔　팔　육십사

8 × 9 = 72
팔　구　칠십이

숫자를 따라 쓰며 9단을 익혀 봐.

9 × 1 = 9
구 일은 구

9 × 2 = 18
구 이   십팔

9 × 3 = 27
구 삼   이십칠

9 × 4 = 36
구 사   삼십육

9 × 5 = 45
구 오   사십오

9 × 6 = 54
구 육   오십사

9 × 7 = 63
구 칠   육십삼

9 × 8 = 72
구 팔   칠십이

9 × 9 = 81
구 구   팔십일

숫자를 따라 쓰며 나눗셈을 익혀 봐.

10 ÷ 1 = 10

10 ÷ 2 = 5

10 ÷ 5 = 2

10 ÷ 10 = 1

9 ÷ 1 = 9

9 ÷ 3 = 3

9 ÷ 9 = 1

잠이나 잘까 봐.

숫자를 따라 쓰며 나눗셈을 익혀 봐.

8 ÷ 1 = 8

8 ÷ 2 = 4

8 ÷ 4 = 2

8 ÷ 8 = 1

7 ÷ 1 = 7

7 ÷ 7 = 1

6 ÷ 1 = 6

6 ÷ 2 = 3

6 ÷ 3 = 2

6 ÷ 6 = 1

숫자를 따라 쓰며 나눗셈을 익혀 봐.

5 ÷ 1 = 5

5 ÷ 5 = 1

4 ÷ 1 = 4

4 ÷ 2 = 2

4 ÷ 4 = 1

3 ÷ 1 = 3

3 ÷ 3 = 1

2 ÷ 1 = 2

2 ÷ 2 = 1

이제 기본은 다 된 거지?

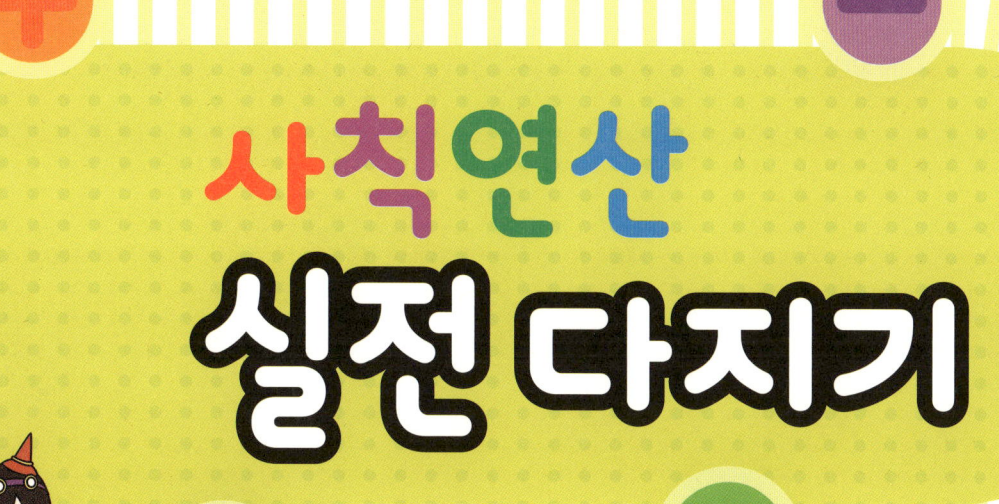

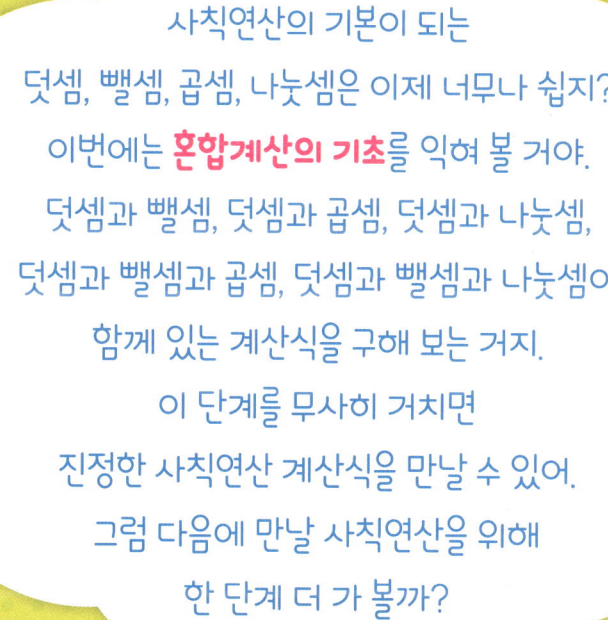

사칙연산의 기본이 되는
덧셈, 뺄셈, 곱셈, 나눗셈은 이제 너무나 쉽지?
이번에는 **혼합계산의 기초**를 익혀 볼 거야.
덧셈과 뺄셈, 덧셈과 곱셈, 덧셈과 나눗셈,
덧셈과 뺄셈과 곱셈, 덧셈과 뺄셈과 나눗셈이
함께 있는 계산식을 구해 보는 거지.
이 단계를 무사히 거치면
진정한 사칙연산 계산식을 만날 수 있어.
그럼 다음에 만날 사칙연산을 위해
한 단계 더 가 볼까?

덧셈·뺄셈 혼합 계산

 보기 1

$5 + 8 - 2 = 11$

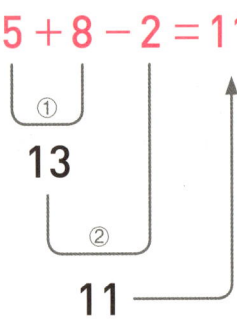

① 먼저 5와 8을 더하면 13이야.
$5 + 8 = 13$

② 13에서 뒤의 2를 빼니 11이 되었어.
$13 - 2 = 11$

보기 2

$5 + 8 - 2 = 11$

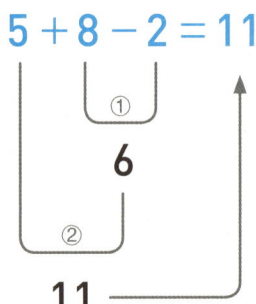

① 먼저 8에서 2를 빼면 6이야.
$8 - 2 = 6$

② 6에 앞의 5를 더하니 11이 되었어.
$5 + 6 = 11$

그런데 왜 둘의 답이 같아?

사칙연산, 이렇게 계산해!

덧셈과 뺄셈은 동급!
어떤 것을 먼저 계산해도 같은 답이 나와.
그래서 **덧셈과 뺄셈이 섞여 있다면**
앞에서부터 차례대로 계산하면 돼.

다음 식을 두 가지 방법으로 따라 쓰며 계산해 봐.

4 + 6 - 2

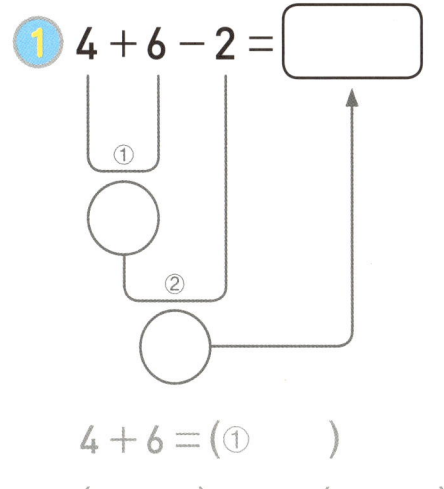

4 + 6 = (①   )
(①   ) - 2 = (②   )

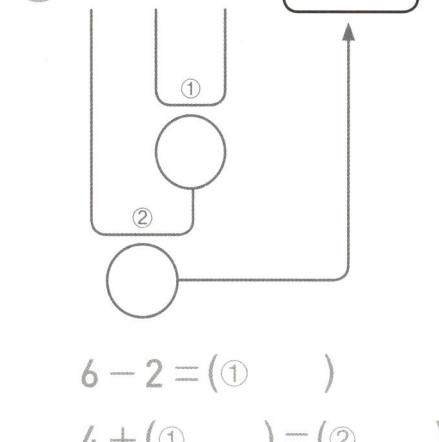

6 - 2 = (①   )
4 + (①   ) = (②   )

9 + 7 - 3

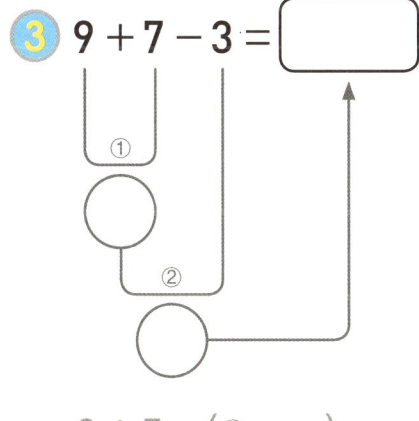

9 + 7 = (①   )
(①   ) - 3 = (②   )

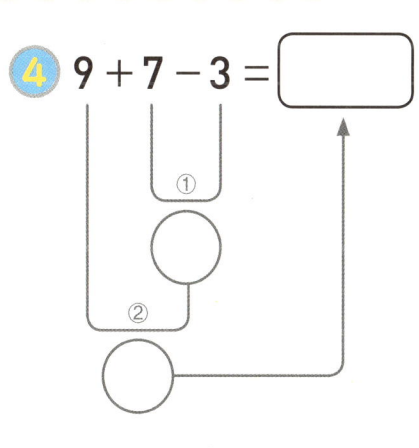

7 - 3 = (①   )
9 + (①   ) = (②   )

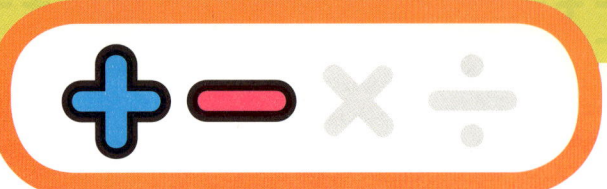

🧒 다음 식을 두 가지 방법으로 따라 쓰며 계산해 봐.

6 + 17 − 3

① 6 + 17 − 3 = ☐

6 + 17 = (①   )
(①   ) − 3 = (②   )

② 6 + 17 − 3 = ☐

17 − 3 = (①   )
6 + (①   ) = (②   )

6 + 25 − 8

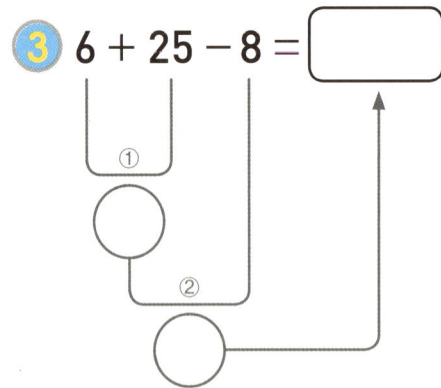

6 + 25 = (①   )
(①   ) − 8 = (②   )

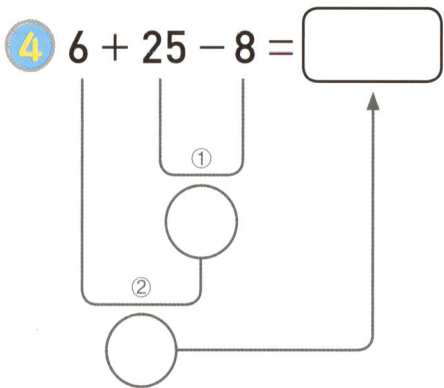

25 − 8 = (①   )
6 + (①   ) = (②   )

다음 식을 두 가지 방법으로 따라 쓰며 계산해 봐.

5 + 17 − 11

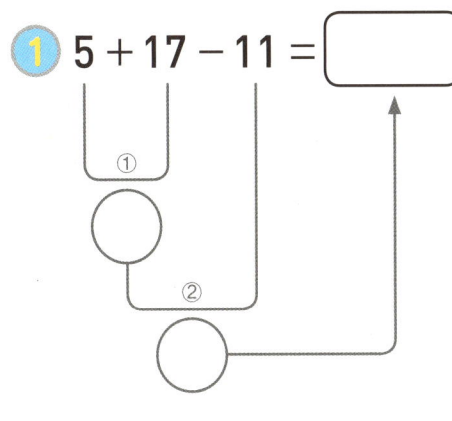

5 + 17 = (①   )
(①   ) − 11 = (②   )

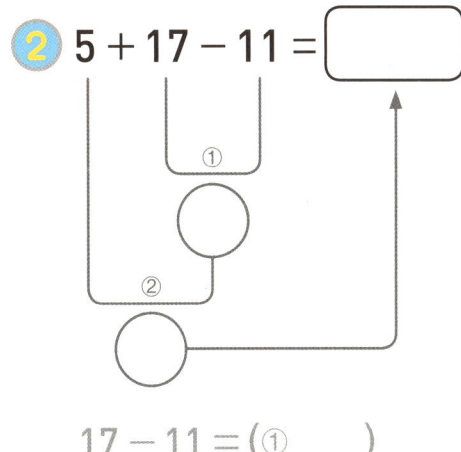

17 − 11 = (①   )
5 + (①   ) = (②   )

8 + 15 − 10

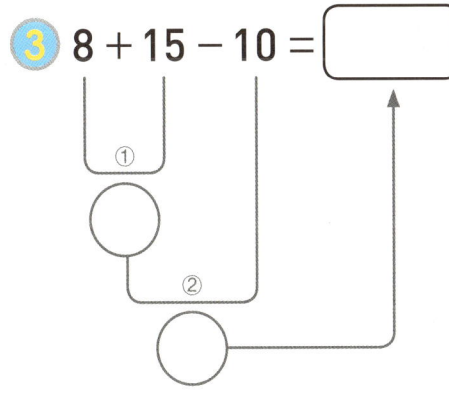

8 + 15 = (①   )
(①   ) − 10 = (②   )

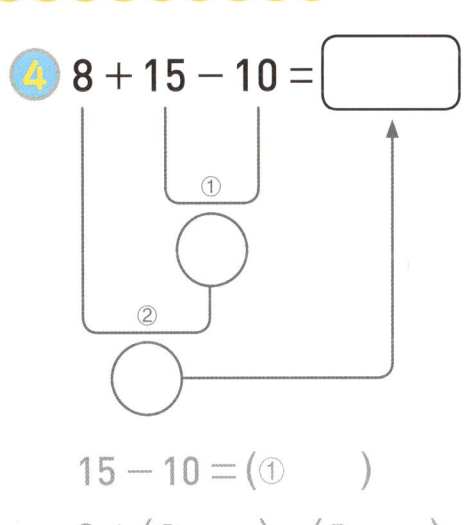

15 − 10 = (①   )
8 + (①   ) = (②   )

다음 식을 두 가지 방법으로 따라 쓰며 계산해 봐.

21 + 9 − 2

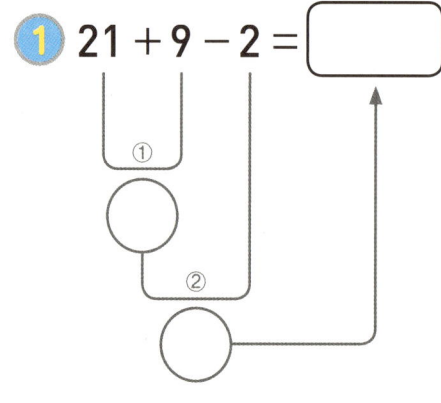

21 + 9 = (①   )
(①   ) − 2 = (②   )

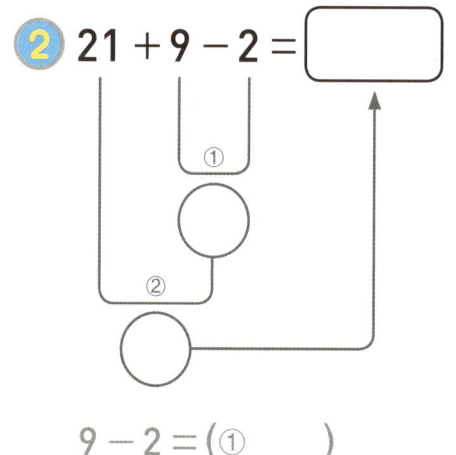

9 − 2 = (①   )
21 + (①   ) = (②   )

17 + 8 − 6

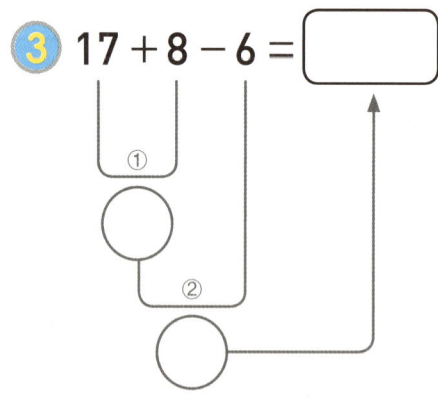

17 + 8 = (①   )
(①   ) − 6 = (②   )

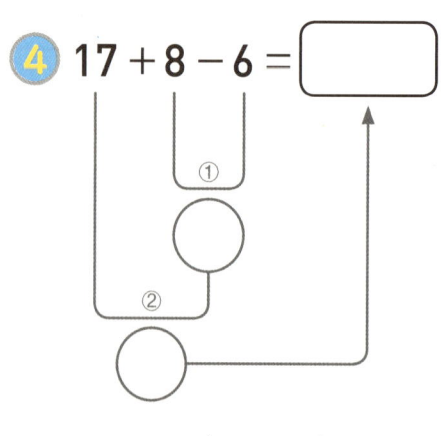

8 − 6 = (①   )
17 + (①   ) = (②   )

다음 식을 두 가지 방법으로 따라 쓰며 계산해 봐.

33 + 22 − 11

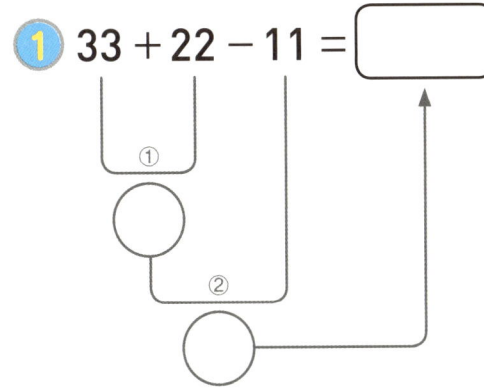
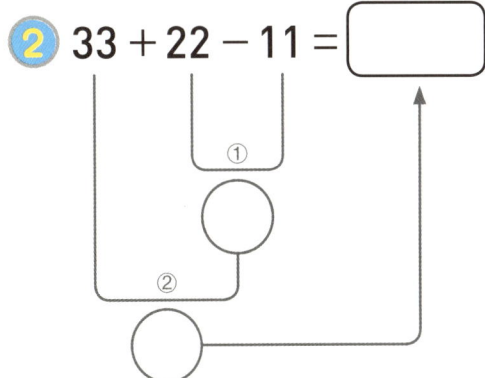

① 33 + 22 = (①   )
  (①   ) − 11 = (②   )

② 22 − 11 = (①   )
  33 + (①   ) = (②   )

23 + 18 − 11

③ 23 + 18 − 11 = ☐
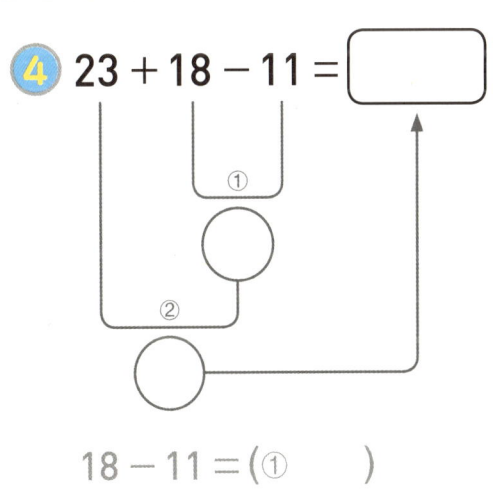

23 + 18 = (①   )
(①   ) − 11 = (②   )

18 − 11 = (①   )
23 + (①   ) = (②   )

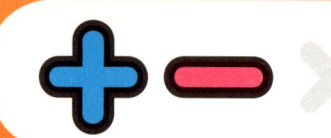

다음 식을 계산해 봐.

① 6 + 4 − 2 = ☐   ② 3 + 5 − 4 = ☐

③ 7 + 8 − 1 = ☐   ④ 8 + 4 − 3 = ☐

⑤ 9 + 6 − 5 = ☐   ⑥ 4 + 7 − 2 = ☐

⑦ 4 + 9 − 7 = ☐   ⑧ 5 + 6 − 6 = ☐

⑨ 3 + 6 − 5 = ☐   ⑩ 2 + 9 − 7 = ☐

⑪ 2 + 9 − 8 = ☐   ⑫ 8 + 5 − 1 = ☐

⑬ 9 + 8 − 3 = ☐   ⑭ 7 + 6 − 2 = ☐

👧 다음 식을 계산해 봐.

① 5 + 12 − 7 = ☐　　② 8 + 19 − 9 = ☐

③ 9 + 23 − 2 = ☐　　④ 3 + 11 − 9 = ☐

⑤ 8 + 12 − 3 = ☐　　⑥ 6 + 17 − 6 = ☐

⑦ 6 + 21 − 4 = ☐　　⑧ 5 + 34 − 2 = ☐

⑨ 7 + 17 − 5 = ☐　　⑩ 2 + 32 − 3 = ☐

⑪ 4 + 13 − 6 = ☐　　⑫ 9 + 19 − 5 = ☐

⑬ 3 + 25 − 7 = ☐　　⑭ 7 + 16 − 9 = ☐

다음 식을 계산해 봐.

1) $9 + 30 - 21 =$ ☐   2) $4 + 11 - 11 =$ ☐

3) $7 + 44 - 12 =$ ☐   4) $2 + 25 - 10 =$ ☐

5) $5 + 27 - 16 =$ ☐   6) $7 + 34 - 18 =$ ☐

7) $3 + 38 - 21 =$ ☐   8) $6 + 25 - 24 =$ ☐

9) $6 + 41 - 13 =$ ☐   10) $4 + 32 - 27 =$ ☐

11) $8 + 13 - 10 =$ ☐   12) $2 + 22 - 15 =$ ☐

13) $6 + 26 - 15 =$ ☐   14) $8 + 32 - 16 =$ ☐

다음 식을 계산해 봐.

① $15 + 8 - 1 =$ ☐   ② $15 + 9 - 8 =$ ☐

③ $19 + 9 - 2 =$ ☐   ④ $13 + 8 - 9 =$ ☐

⑤ $21 + 4 - 3 =$ ☐   ⑥ $15 + 7 - 1 =$ ☐

⑦ $16 + 7 - 4 =$ ☐   ⑧ $23 + 6 - 2 =$ ☐

⑨ $18 + 6 - 5 =$ ☐   ⑩ $19 + 5 - 3 =$ ☐

⑪ $30 + 7 - 6 =$ ☐   ⑫ $45 + 9 - 6 =$ ☐

⑬ $50 + 8 - 7 =$ ☐   ⑭ $33 + 8 - 7 =$ ☐

다음 식을 계산해 봐.

① 20 + 11 − 8 = ☐   ② 25 + 24 − 7 = ☐

③ 29 + 13 − 7 = ☐   ④ 23 + 13 − 9 = ☐

⑤ 31 + 24 − 3 = ☐   ⑥ 25 + 27 − 8 = ☐

⑦ 26 + 10 − 9 = ☐   ⑧ 33 + 12 − 6 = ☐

⑨ 28 + 16 − 4 = ☐   ⑩ 29 + 15 − 9 = ☐

⑪ 40 + 27 − 6 = ☐   ⑫ 54 + 39 − 2 = ☐

⑬ 50 + 18 − 7 = ☐   ⑭ 33 + 18 − 5 = ☐

다음 식을 계산해 봐.

① 80 + 13 − 11 = ☐   ② 30 + 26 − 19 = ☐

③ 61 + 34 − 10 = ☐   ④ 40 + 31 − 11 = ☐

⑤ 13 + 48 − 21 = ☐   ⑥ 16 + 21 − 26 = ☐

⑦ 58 + 60 − 27 = ☐   ⑧ 41 + 72 − 33 = ☐

⑨ 26 + 41 − 13 = ☐   ⑩ 22 + 51 − 21 = ☐

⑪ 71 + 53 − 35 = ☐   ⑫ 42 + 55 − 17 = ☐

⑬ 43 + 24 − 16 = ☐   ⑭ 65 + 61 − 31 = ☐

덧셈·곱셈 괄호가 없는 혼합 계산

보기

$$5 + 8 \times 2 = 21$$

① 16
② 21

① 먼저 8과 2를 곱하면 16이야.
8×2=16

② 16에 앞의 5를 더하니 21이 되었어.
5+16=21

사칙연산, 이렇게 계산해!

덧셈과 곱셈이 섞여 있다면, 앞에서부터 차례대로 계산하면 안 돼.
곱셈이 뒤에 있더라도 덧셈보다 곱셈을 먼저 계산해!

 ## 덧셈·곱셈 괄호가 있는 **혼합 계산**

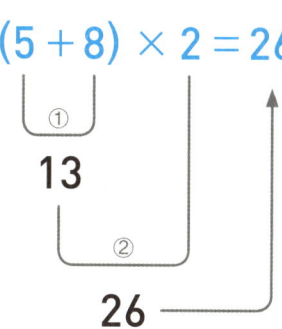

$(5+8) \times 2 = 26$

① 먼저 괄호가 있는 5와 8을 더하면 13이야.
   5+8=13

② 13에 뒤의 2를 곱하니 26이 되었어.
   13×2=26

🚩 **사칙연산, 이렇게 계산해!**

덧셈과 곱셈이 섞여 있다면, 곱셈이 뒤에 있더라도
덧셈보다 곱셈을 먼저 계산하라고 했지?
하지만 괄호가 있다면 괄호가 있는 식부터 먼저 계산해.
괄호가 곱셈보다 우선이야.

다음 식을 따라 쓰며 계산해 봐.

1 6 + 8 × 3 = ☐

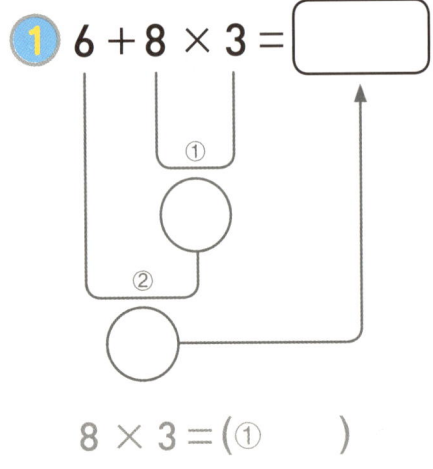

8 × 3 = (①   )
6 + (①   ) = (②   )

2 (6 + 8) × 3 = ☐

6 + 8 = (①   )
(①   ) × 3 = (②   )

3 5 + 9 × 7 = ☐

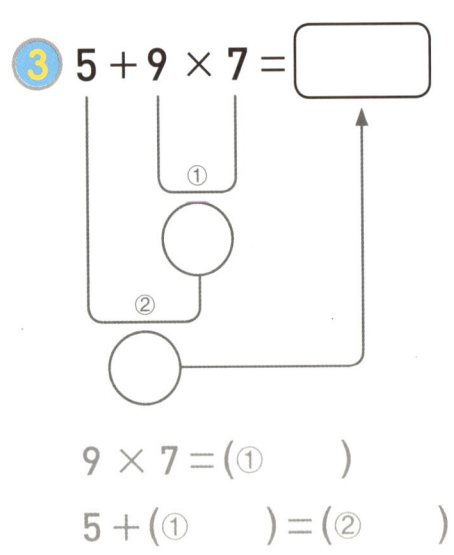

9 × 7 = (①   )
5 + (①   ) = (②   )

4 (5 + 9) × 7 = ☐

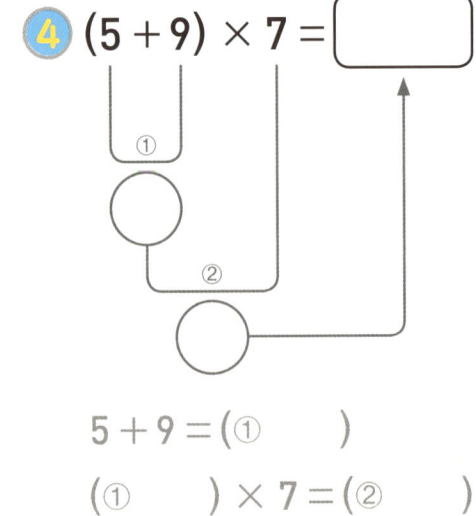

5 + 9 = (①   )
(①   ) × 7 = (②   )

다음 식을 따라 쓰며 계산해 봐.

1. 3 + 7 × 5 = ☐

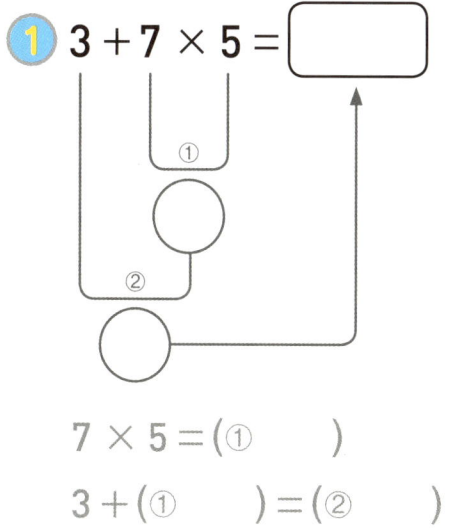

7 × 5 = (①   )
3 + (①   ) = (②   )

2. (3 + 7) × 5 = ☐

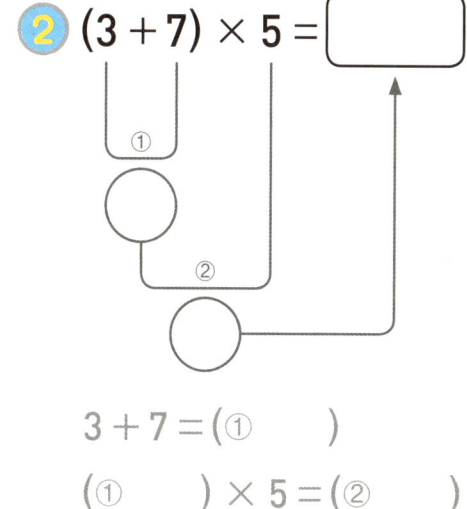

3 + 7 = (①   )
(①   ) × 5 = (②   )

3. 4 + 6 × 2 = ☐

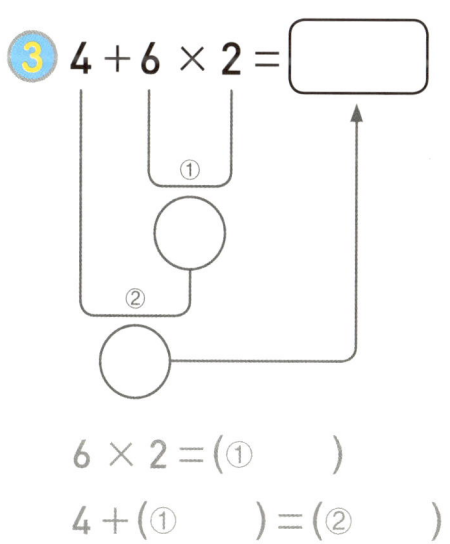

6 × 2 = (①   )
4 + (①   ) = (②   )

4. (4 + 6) × 2 = ☐

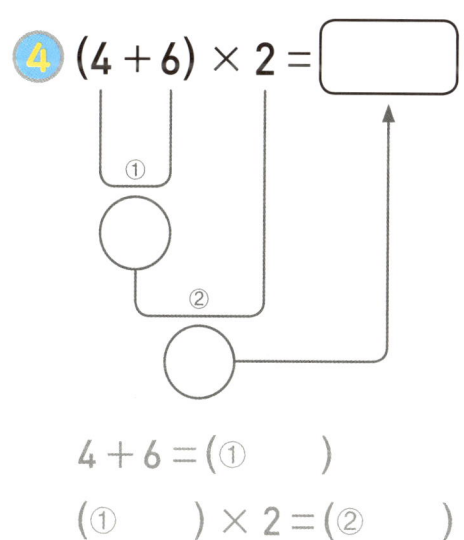

4 + 6 = (①   )
(①   ) × 2 = (②   )

다음 식을 따라 쓰며 계산해 봐.

1. $7 + 8 \times 8 = \boxed{}$

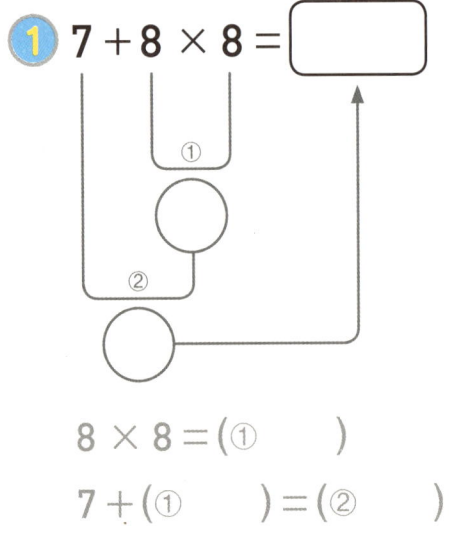

$8 \times 8 = (①)$
$7 + (①) = (②)$

2. $(7 + 8) \times 8 = \boxed{}$

$7 + 8 = (①)$
$(①) \times 8 = (②)$

3. $2 + 7 \times 9 = \boxed{}$

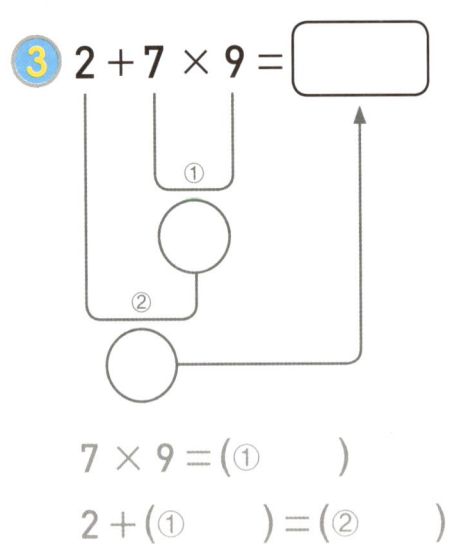

$7 \times 9 = (①)$
$2 + (①) = (②)$

4. $(2 + 7) \times 9 = \boxed{}$

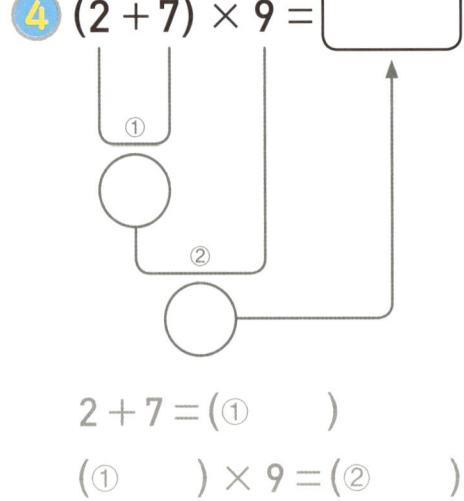

$2 + 7 = (①)$
$(①) \times 9 = (②)$

다음 식을 따라 쓰며 계산해 봐.

1 7 + 4 × 8 = ☐

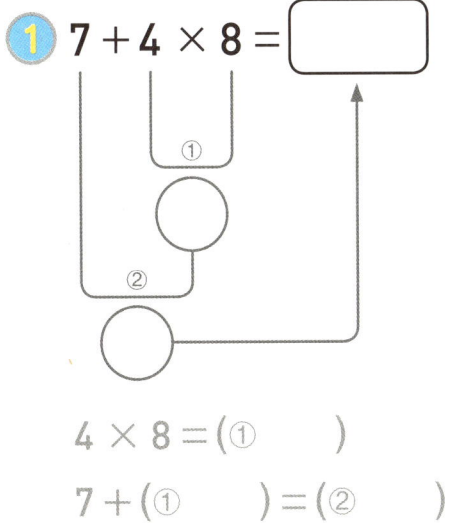

4 × 8 = (①   )
7 + (①   ) = (②   )

2 (7 + 4) × 8 = ☐

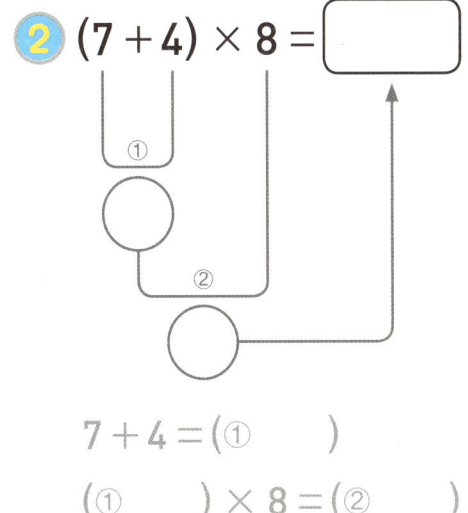

7 + 4 = (①   )
(①   ) × 8 = (②   )

3 6 + 7 × 5 = ☐

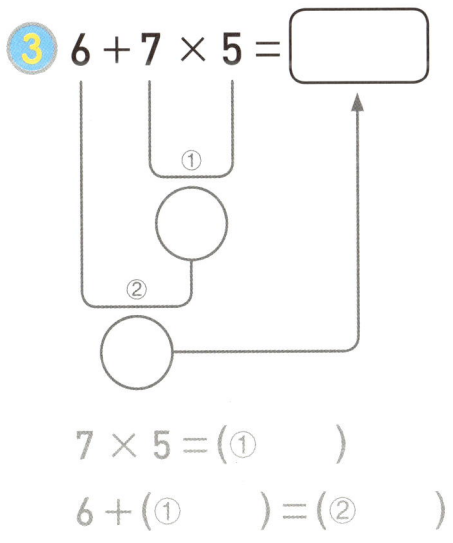

7 × 5 = (①   )
6 + (①   ) = (②   )

4 (6 + 7) × 5 = ☐

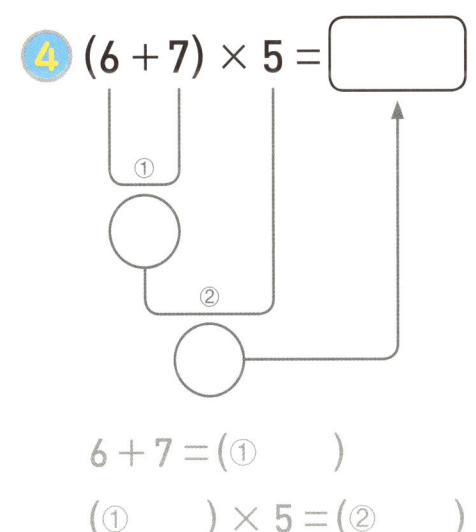

6 + 7 = (①   )
(①   ) × 5 = (②   )

다음 식을 따라 쓰며 계산해 봐.

1 4 × 5 + 6 = ☐

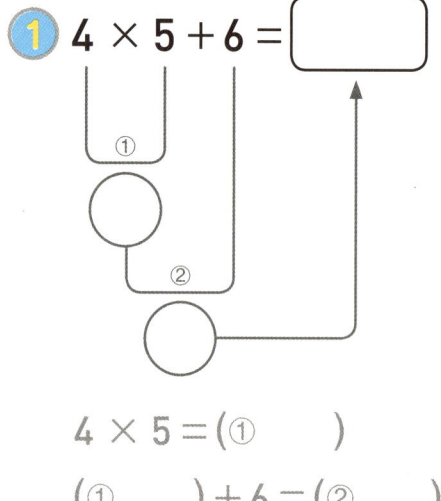

4 × 5 = (①   )
(①   ) + 6 = (②   )

2 4 × (5 + 6) = ☐

5 + 6 = (①   )
4 × (①   ) = (②   )

3 9 × 3 + 7 = ☐

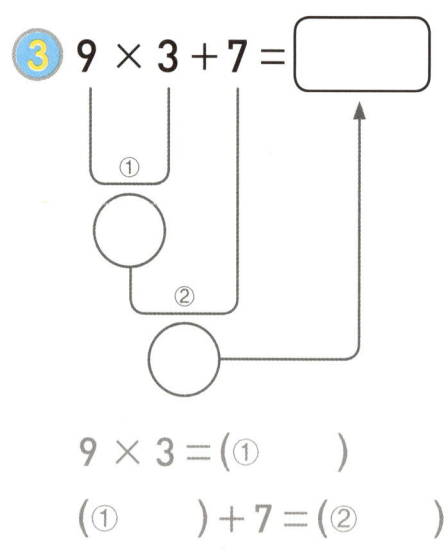

9 × 3 = (①   )
(①   ) + 7 = (②   )

4 9 × (3 + 7) = ☐

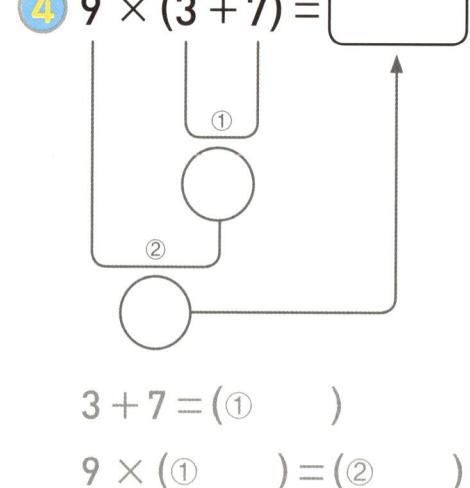

3 + 7 = (①   )
9 × (①   ) = (②   )

다음 식을 따라 쓰며 계산해 봐.

1 7 + 24 × 3 = ☐

24 × 3 = (①   )
7 + (①   ) = (②   )

2 (7 + 24) × 3 = ☐

7 + 24 = (①   )
(①   ) × 3 = (②   )

3 6 + 16 × 5 = ☐

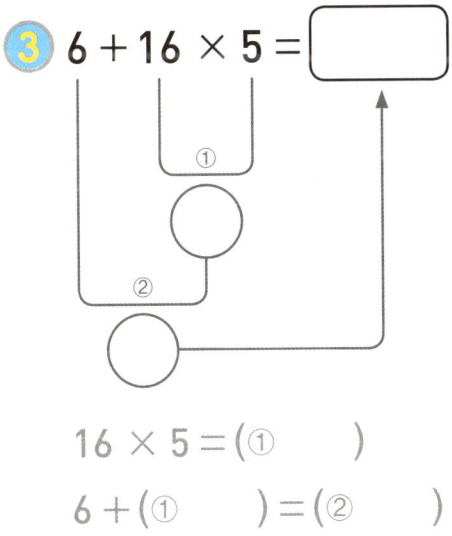

16 × 5 = (①   )
6 + (①   ) = (②   )

4 (6 + 16) × 5 = ☐

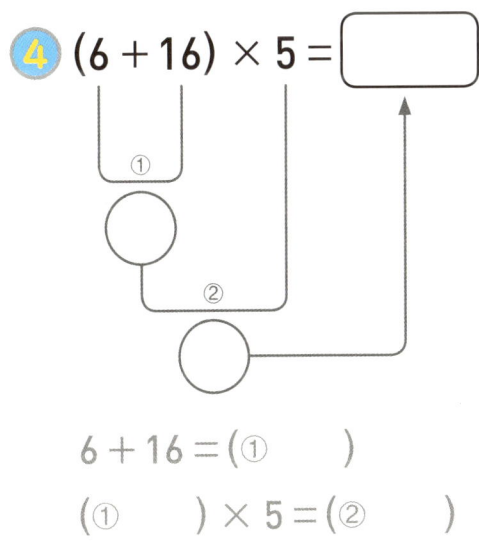

6 + 16 = (①   )
(①   ) × 5 = (②   )

다음 식을 따라 쓰며 계산해 봐.

1 7 × 3 + 11 = ☐

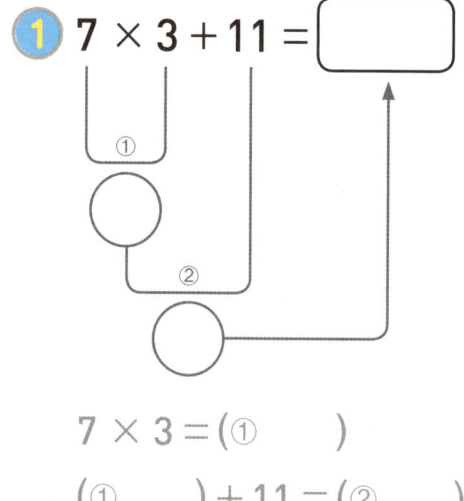

7 × 3 = (①   )
(①   ) + 11 = (②   )

2 7 × (3 + 11) = ☐

3 + 11 = (①   )
7 × (①   ) = (②   )

3 8 + 10 × 3 = ☐

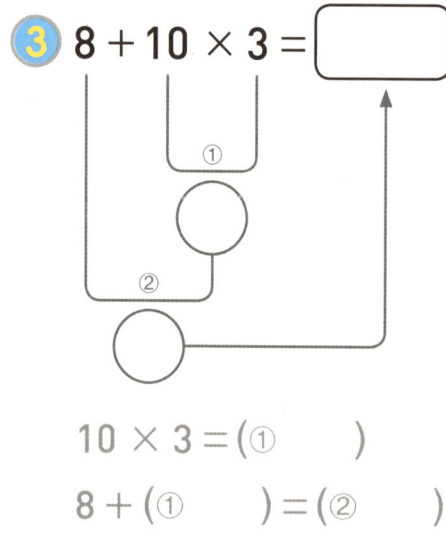

10 × 3 = (①   )
8 + (①   ) = (②   )

4 (8 + 10) × 3 = ☐

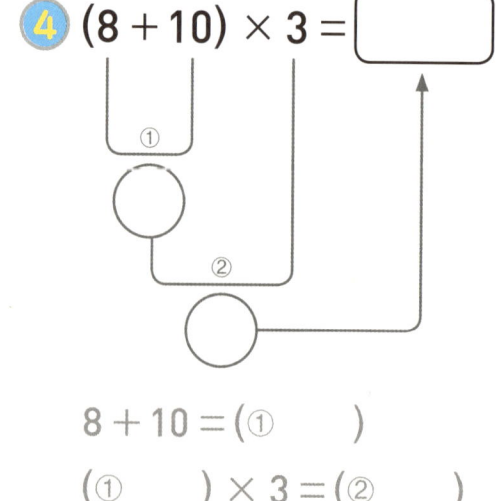

8 + 10 = (①   )
(①   ) × 3 = (②   )

다음 식을 따라 쓰며 계산해 봐.

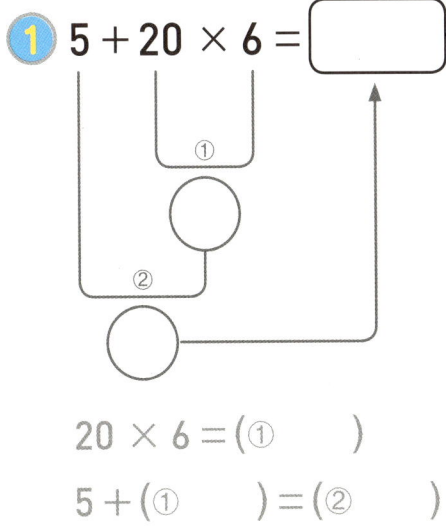

1 5 + 20 × 6 =

20 × 6 = (①   )
5 + (①   ) = (②   )

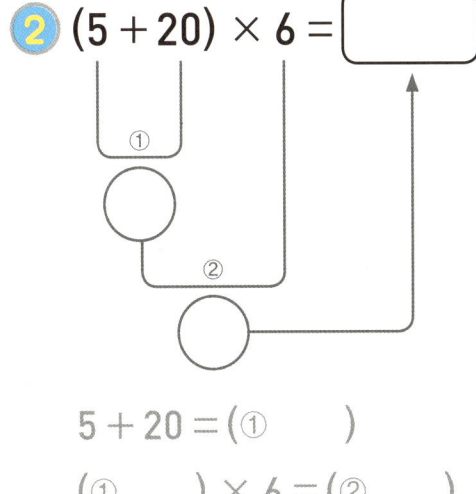

2 (5 + 20) × 6 =

5 + 20 = (①   )
(①   ) × 6 = (②   )

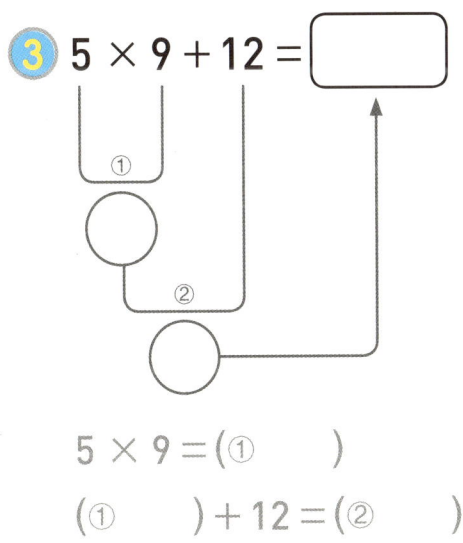

3 5 × 9 + 12 =

5 × 9 = (①   )
(①   ) + 12 = (②   )

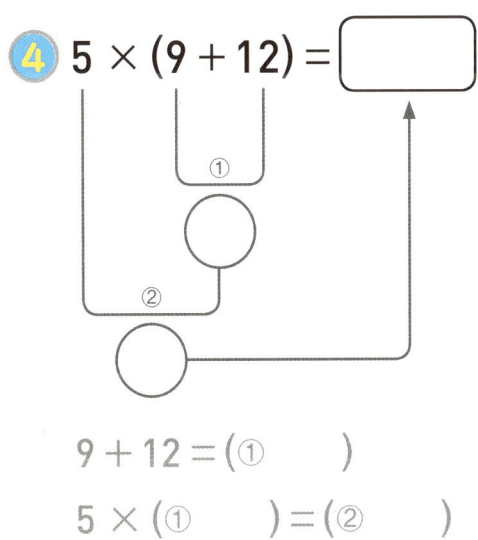

4 5 × (9 + 12) =

9 + 12 = (①   )
5 × (①   ) = (②   )

다음 식을 따라 쓰며 계산해 봐.

1 8 + 11 × 13 = ☐

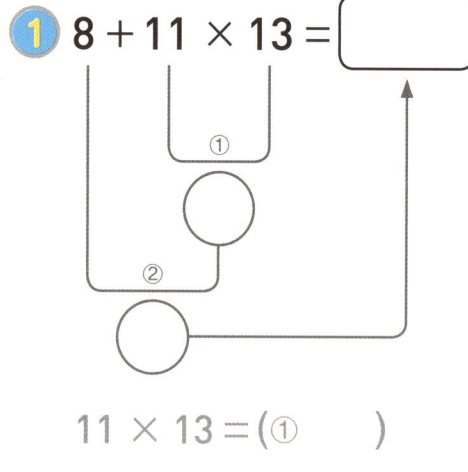

11 × 13 = (①   )
8 + (①   ) = (②   )

2 (8 + 11) × 13 = ☐

8 + 11 = (①   )
(①   ) × 13 = (②   )

3 4 + 15 × 10 = ☐

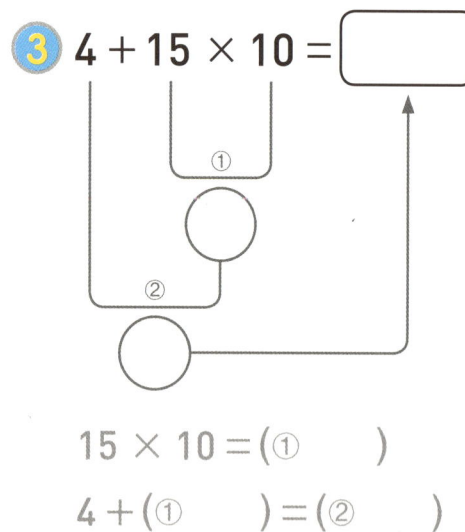

15 × 10 = (①   )
4 + (①   ) = (②   )

4 (4 + 15) × 10 = ☐

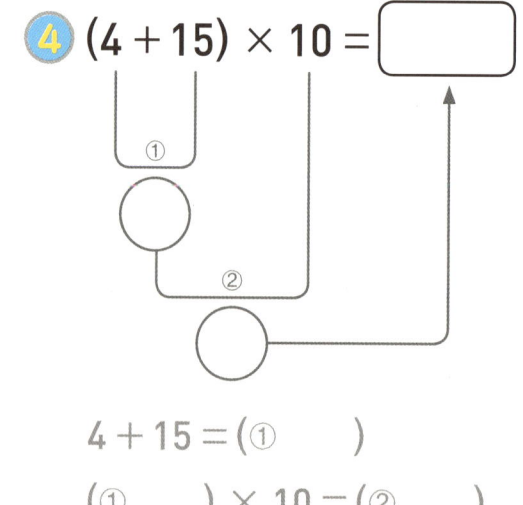

4 + 15 = (①   )
(①   ) × 10 = (②   )

다음 식을 따라 쓰며 계산해 봐.

1 21 × 5 + 13 = ☐

21 × 5 = (①   )
(①   ) + 13 = (②   )

2 21 × (5 + 13) = ☐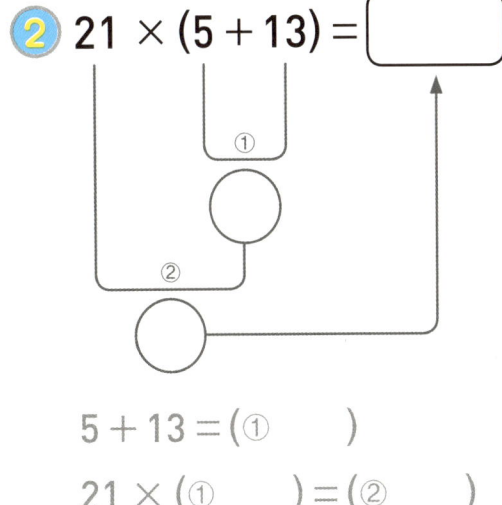

5 + 13 = (①   )
21 × (①   ) = (②   )

3 6 + 19 × 15 = ☐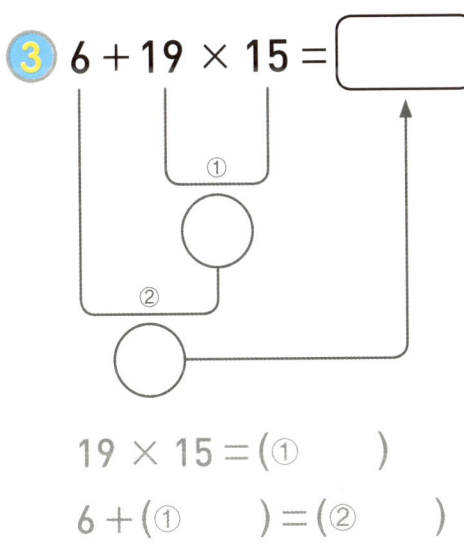

19 × 15 = (①   )
6 + (①   ) = (②   )

4 (6 + 19) × 15 = ☐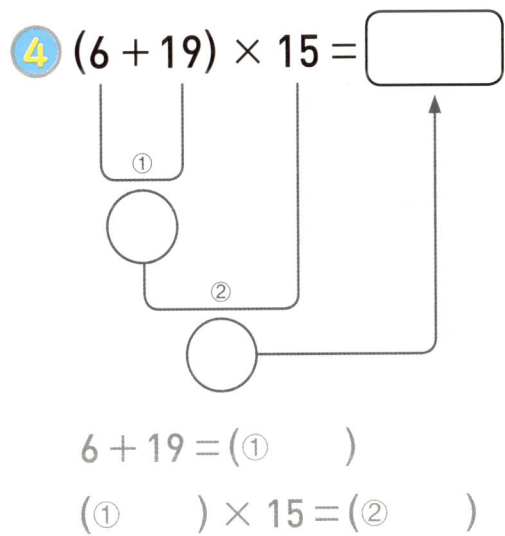

6 + 19 = (①   )
(①   ) × 15 = (②   )

다음 식을 따라 쓰며 계산해 봐.

1 7 + 10 × 15 = ☐

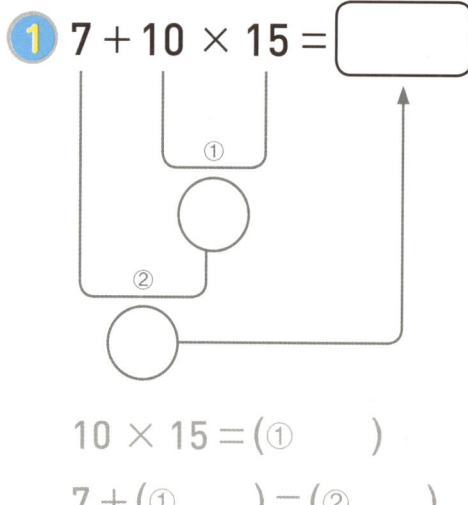

10 × 15 = (①   )
7 + (①   ) = (②   )

2 (7 + 10) × 15 = ☐

7 + 10 = (①   )
(①   ) × 15 = (②   )

3 20 × 4 + 30 = ☐

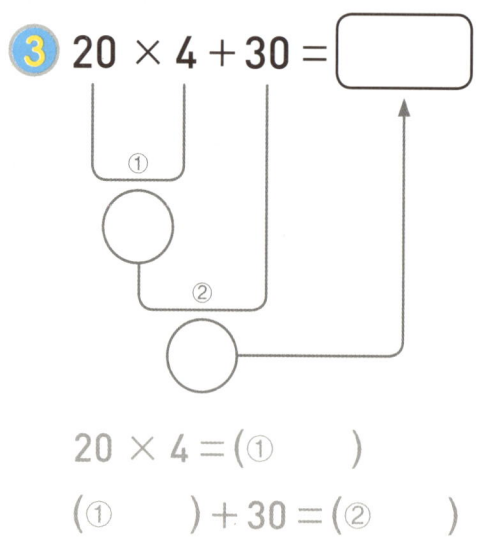

20 × 4 = (①   )
(①   ) + 30 = (②   )

4 20 × (4 + 30) = ☐

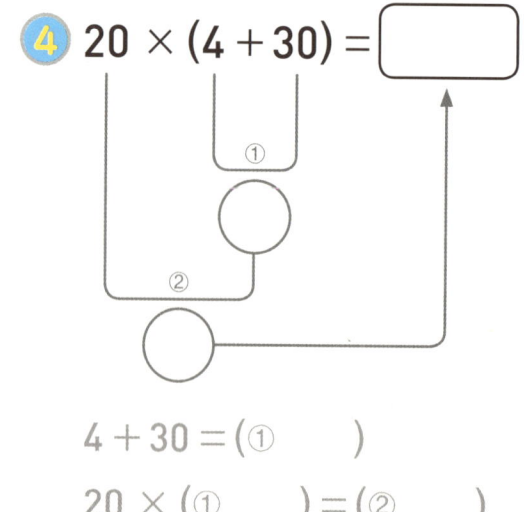

4 + 30 = (①   )
20 × (①   ) = (②   )

다음 식을 따라 쓰며 계산해 봐.

1. $15 + 5 \times 8 = \boxed{}$

   $5 \times 8 = (①)$

   $15 + (①) = (②)$

2. $(15 + 5) \times 8 = \boxed{}$

   $15 + 5 = (①)$

   $(①) \times 8 = (②)$

3. $10 + 6 \times 2 = \boxed{}$

   $6 \times 2 = (①)$

   $10 + (①) = (②)$

4. $(10 + 6) \times 2 = \boxed{}$

   $10 + 6 = (①)$

   $(①) \times 2 = (②)$

다음 식을 따라 쓰며 계산해 봐.

① 4 × 30 + 4 = ☐

4 × 30 = (①   )
(①   ) + 4 = (②   )

② 4 × (30 + 4) = ☐

30 + 4 = (①   )
4 × (①   ) = (②   )

③ 13 + 9 × 6 = ☐

9 × 6 = (①   )
13 + (①   ) = (②   )

④ (13 + 9) × 6 = ☐

13 + 9 = (①   )
(①   ) × 6 = (②   )

다음 식을 따라 쓰며 계산해 봐.

1 17 + 2 × 6 = ☐

2 × 6 = (①   )
17 + (①   ) = (②   )

2 (17 + 2) × 6 = ☐

17 + 2 = (①   )
(①   ) × 6 = (②   )

3 9 × 10 + 3 = ☐

9 × 10 = (①   )
(①   ) + 3 = (②   )

4 9 × (10 + 3) = ☐

10 + 3 = (①   )
9 × (①   ) = (②   )

다음 식을 따라 쓰며 계산해 봐.

① 21 + 10 × 8 = ☐

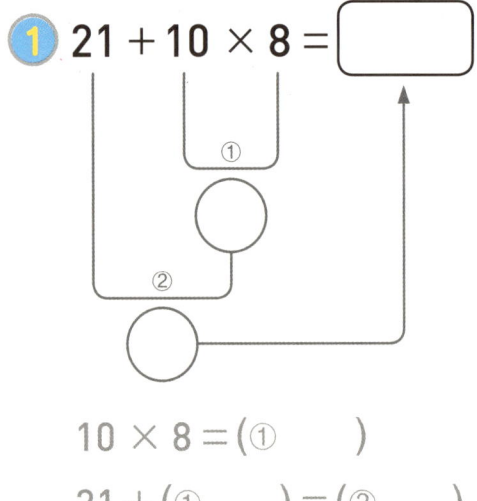

10 × 8 = (①   )
21 + (①   ) = (②   )

② (21 + 10) × 8 = ☐

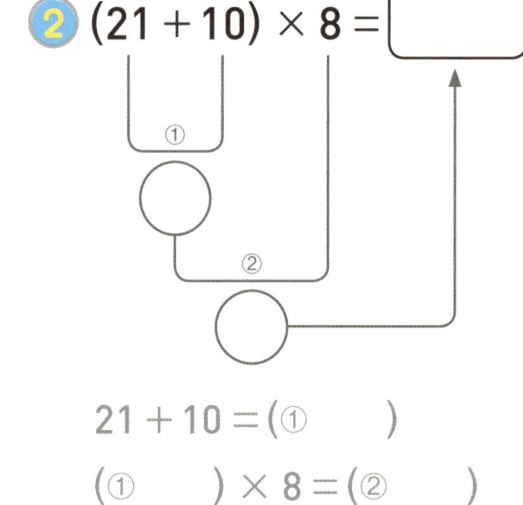

21 + 10 = (①   )
(①   ) × 8 = (②   )

③ 40 + 11 × 6 = ☐

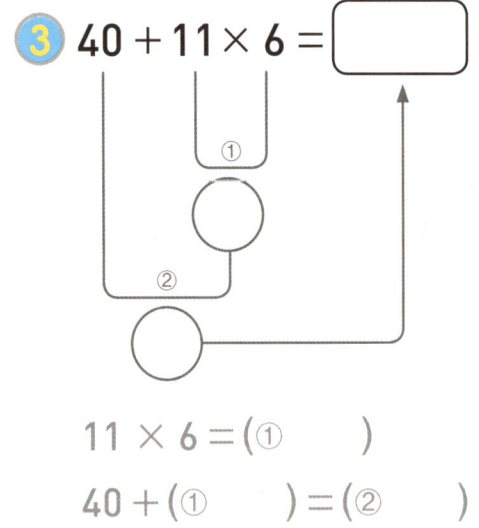

11 × 6 = (①   )
40 + (①   ) = (②   )

④ (40 + 11) × 6 = ☐

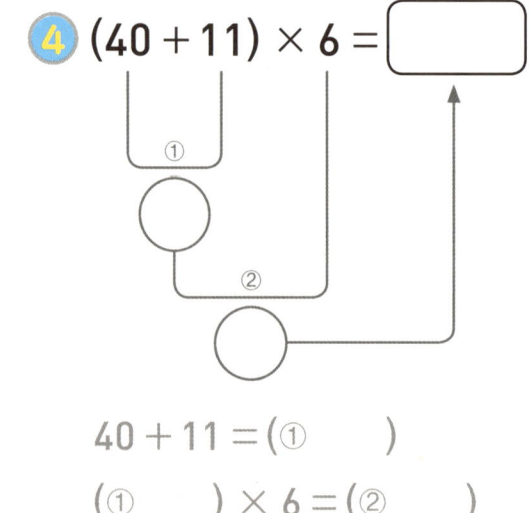

40 + 11 = (①   )
(①   ) × 6 = (②   )

다음 식을 따라 쓰며 계산해 봐.

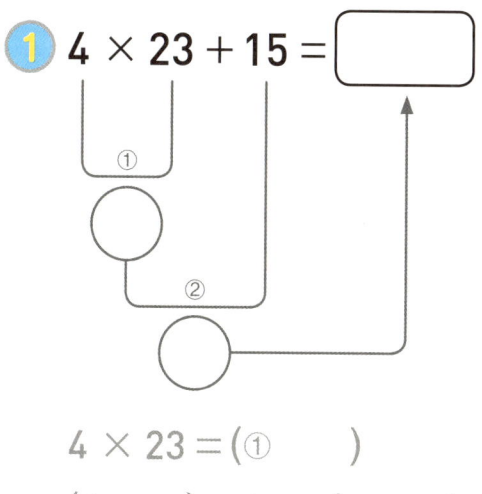

① 4 × 23 + 15 =

4 × 23 = (①   )
(①   ) + 15 = (②   )

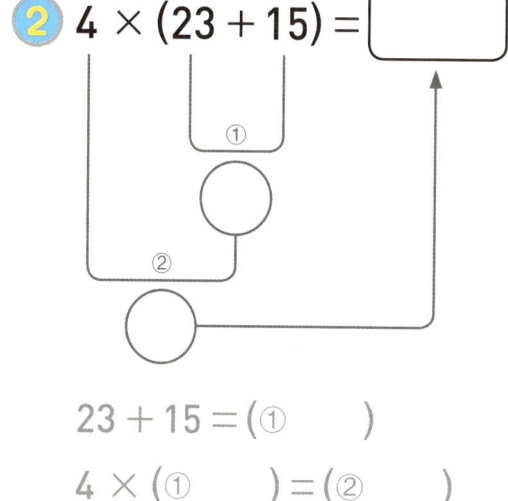

② 4 × (23 + 15) =

23 + 15 = (①   )
4 × (①   ) = (②   )

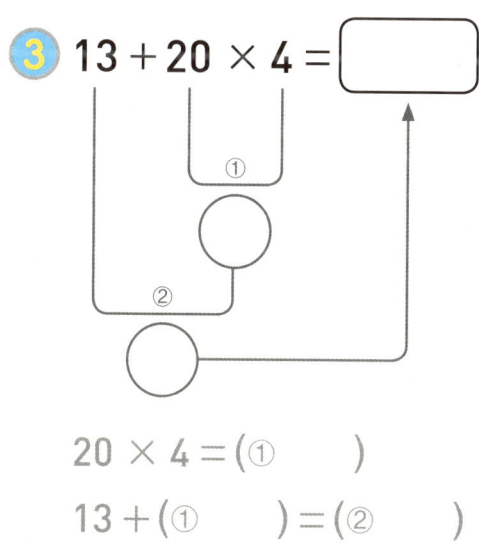

③ 13 + 20 × 4 =

20 × 4 = (①   )
13 + (①   ) = (②   )

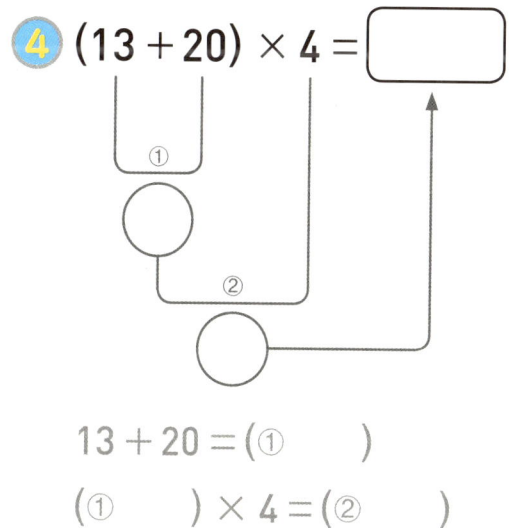

④ (13 + 20) × 4 =

13 + 20 = (①   )
(①   ) × 4 = (②   )

🧑 다음 식을 따라 쓰며 계산해 봐.

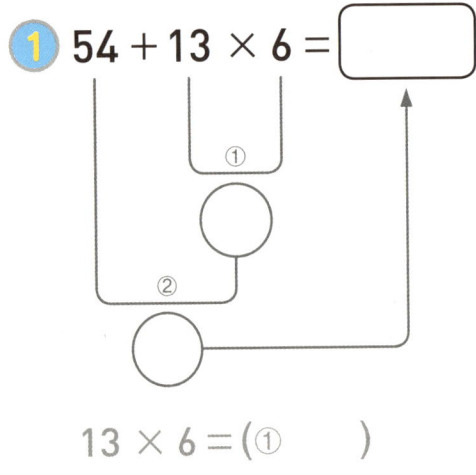

① 54 + 13 × 6 = ☐

13 × 6 = (①   )
54 + (①   ) = (②   )

② (54 + 13) × 6 = ☐

54 + 13 = (①   )
(①   ) × 6 = (②   )

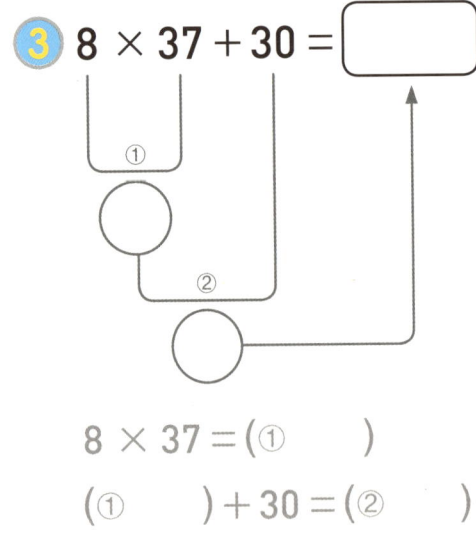

③ 8 × 37 + 30 = ☐

8 × 37 = (①   )
(①   ) + 30 = (②   )

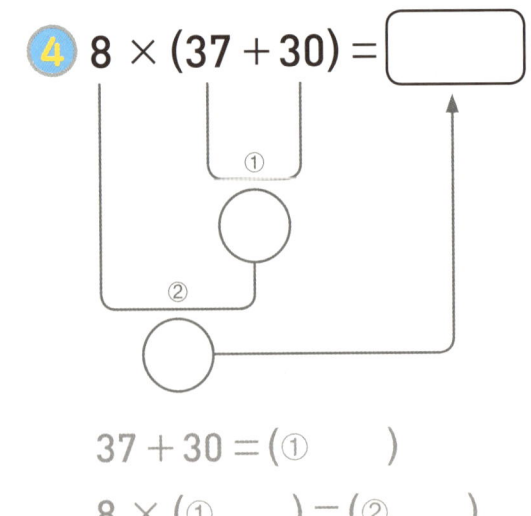

④ 8 × (37 + 30) = ☐

37 + 30 = (①   )
8 × (①   ) = (②   )

다음 식을 따라 쓰며 계산해 봐.

1 25 + 18 × 13 = ☐

18 × 13 = (①   )
25 + (①   ) = (②   )

2 (25 + 18) × 13 = ☐

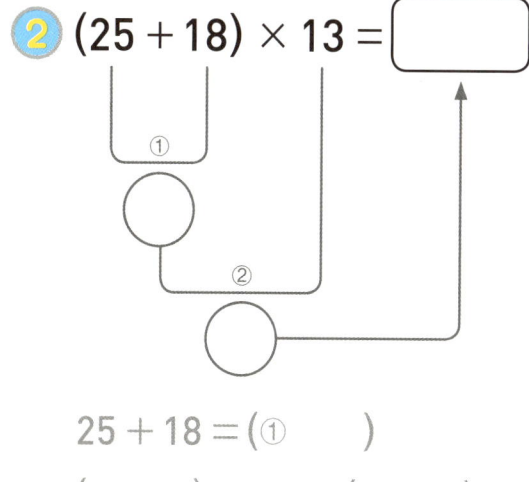

25 + 18 = (①   )
(①   ) × 13 = (②   )

3 34 + 12 × 21 = ☐

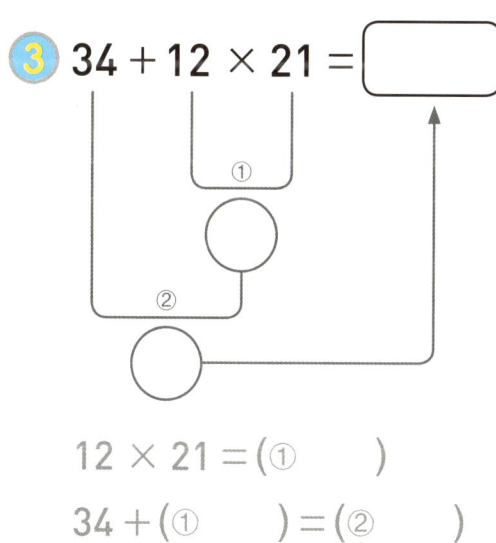

12 × 21 = (①   )
34 + (①   ) = (②   )

4 (34 + 12) × 21 = ☐

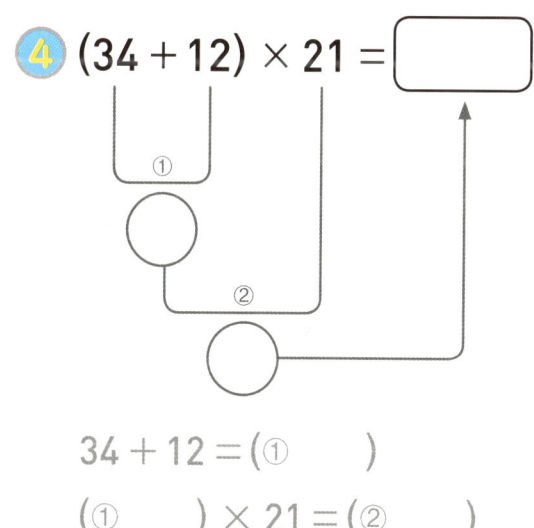

34 + 12 = (①   )
(①   ) × 21 = (②   )

다음 식을 따라 쓰며 계산해 봐.

① 10 × 30 + 14 = ☐

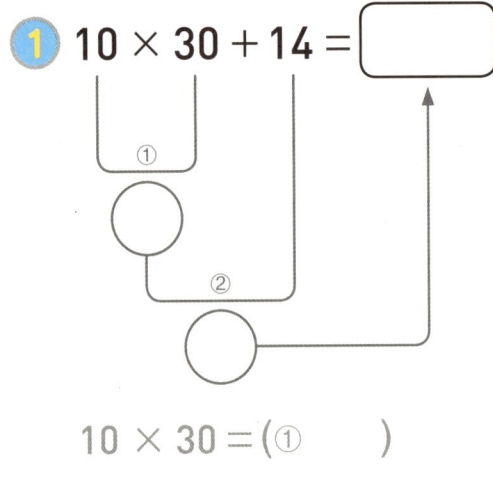

10 × 30 = (①   )
(①   ) + 14 = (②   )

② 10 × (30 + 14) = ☐

30 + 14 = (①   )
10 × (①   ) = (②   )

③ 27 + 20 × 11 = ☐

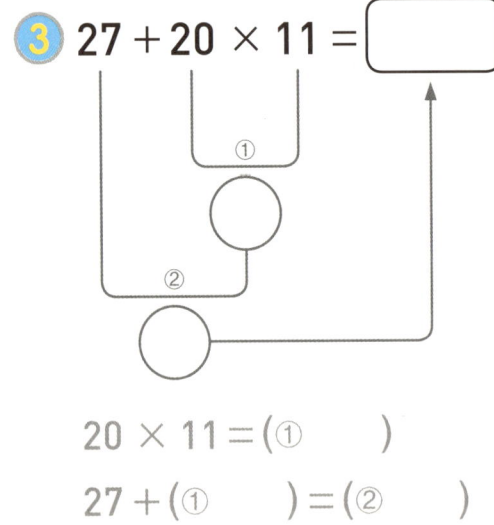

20 × 11 = (①   )
27 + (①   ) = (②   )

④ (27 + 20) × 11 = ☐

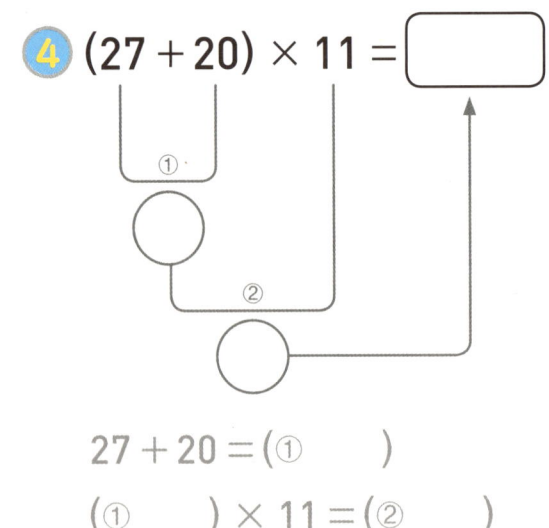

27 + 20 = (①   )
(①   ) × 11 = (②   )

다음 식을 따라 쓰며 계산해 봐.

1 19 + 23 × 14 = ☐

23 × 14 = (①   )
19 + (①   ) = (②   )

2 (19 + 23) × 14 = ☐

19 + 23 = (①   )
(①   ) × 14 = (②   )

3 20 × 42 + 34 = ☐

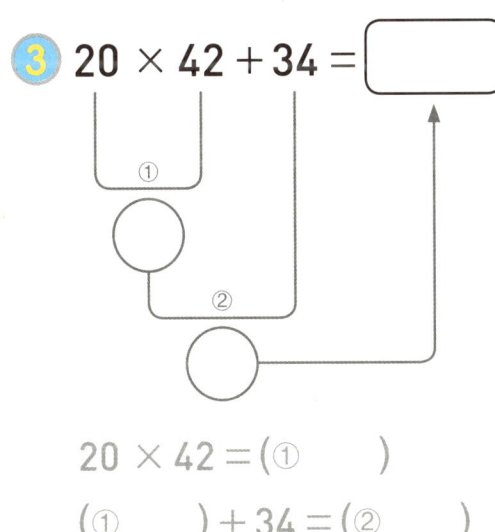

20 × 42 = (①   )
(①   ) + 34 = (②   )

4 20 × (42 + 34) = ☐

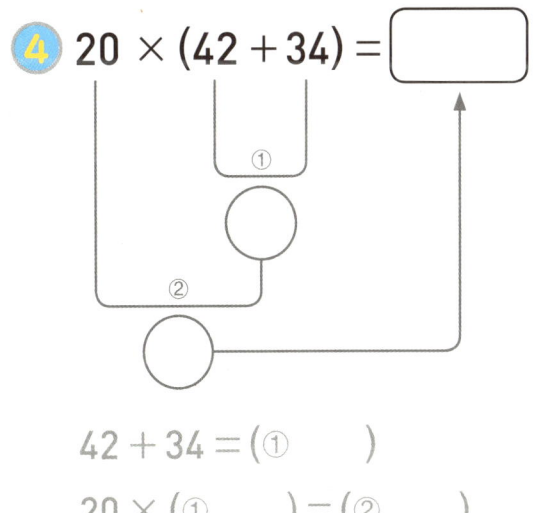

42 + 34 = (①   )
20 × (①   ) = (②   )

 다음 식을 계산해 봐.

1. $7 + 6 \times 7 =$ ☐
2. $(7 + 6) \times 7 =$ ☐
3. $9 + 4 \times 2 =$ ☐
4. $(9 + 4) \times 2 =$ ☐
5. $2 + 5 \times 3 =$ ☐
6. $(2 + 5) \times 3 =$ ☐
7. $5 + 7 \times 5 =$ ☐
8. $(5 + 7) \times 5 =$ ☐
9. $6 + 3 \times 4 =$ ☐
10. $(6 + 3) \times 4 =$ ☐
11. $3 + 8 \times 7 =$ ☐
12. $(3 + 8) \times 7 =$ ☐
13. $8 + 5 \times 6 =$ ☐
14. $(8 + 5) \times 6 =$ ☐

다음 식을 계산해 봐.

1. $5 + 7 \times 9 = \square$
2. $(5 + 7) \times 9 = \square$
3. $9 + 8 \times 5 = \square$
4. $(9 + 8) \times 5 = \square$
5. $8 + 3 \times 3 = \square$
6. $(8 + 3) \times 3 = \square$
7. $6 + 4 \times 8 = \square$
8. $(6 + 4) \times 8 = \square$
9. $7 + 3 \times 6 = \square$
10. $(7 + 3) \times 6 = \square$
11. $4 + 8 \times 7 = \square$
12. $(4 + 8) \times 7 = \square$
13. $3 + 9 \times 9 = \square$
14. $(3 + 9) \times 9 = \square$

 다음 식을 계산해 봐.

① 3 + 12 × 5 = ☐   ② (3 + 12) × 5 = ☐

③ 8 + 23 × 3 = ☐   ④ (8 + 23) × 3 = ☐

⑤ 4 + 12 × 6 = ☐   ⑥ (4 + 12) × 6 = ☐

⑦ 5 + 21 × 4 = ☐   ⑧ (5 + 21) × 4 = ☐

⑨ 2 + 17 × 7 = ☐   ⑩ (2 + 17) × 7 = ☐

⑪ 8 + 13 × 5 = ☐   ⑫ (8 + 13) × 5 = ☐

⑬ 6 + 25 × 2 = ☐   ⑭ (6 + 25) × 2 = ☐

🧒 다음 식을 계산해 봐.

1. 9 + 19 × 6 = ☐
2. (9 + 19) × 6 = ☐
3. 2 + 11 × 8 = ☐
4. (2 + 11) × 8 = ☐
5. 3 + 17 × 3 = ☐
6. (3 + 17) × 3 = ☐
7. 4 + 34 × 6 = ☐
8. (4 + 34) × 6 = ☐
9. 9 + 10 × 7 = ☐
10. (9 + 10) × 7 = ☐
11. 7 + 19 × 9 = ☐
12. (7 + 19) × 9 = ☐
13. 6 + 16 × 2 = ☐
14. (6 + 16) × 2 = ☐

다음 식을 계산해 봐.

1. $7 + 22 \times 12 =$ ☐
2. $(7 + 22) \times 12 =$ ☐
3. $4 + 30 \times 15 =$ ☐
4. $(4 + 30) \times 15 =$ ☐
5. $6 + 35 \times 10 =$ ☐
6. $(6 + 35) \times 10 =$ ☐
7. $2 + 17 \times 17 =$ ☐
8. $(2 + 17) \times 17 =$ ☐
9. $4 + 10 \times 40 =$ ☐
10. $(4 + 10) \times 40 =$ ☐
11. $5 + 25 \times 33 =$ ☐
12. $(5 + 25) \times 33 =$ ☐
13. $9 + 11 \times 20 =$ ☐
14. $(9 + 11) \times 20 =$ ☐

다음 식을 계산해 봐.

1. $8 + 20 \times 22 = \square$
2. $(8 + 20) \times 22 = \square$
3. $4 + 15 \times 10 = \square$
4. $(4 + 15) \times 10 = \square$
5. $7 + 28 \times 15 = \square$
6. $(7 + 28) \times 15 = \square$
7. $3 + 30 \times 20 = \square$
8. $(3 + 30) \times 20 = \square$
9. $5 + 21 \times 23 = \square$
10. $(5 + 21) \times 23 = \square$
11. $9 + 20 \times 11 = \square$
12. $(9 + 20) \times 11 = \square$
13. $6 + 16 \times 17 = \square$
14. $(6 + 16) \times 17 = \square$

 다음 식을 계산해 봐.

1. $40 + 5 \times 7 = \square$
2. $(40 + 5) \times 7 = \square$
3. $26 + 7 \times 6 = \square$
4. $(26 + 7) \times 6 = \square$
5. $30 + 3 \times 9 = \square$
6. $(30 + 3) \times 9 = \square$
7. $15 + 8 \times 5 = \square$
8. $(15 + 8) \times 5 = \square$
9. $11 + 2 \times 8 = \square$
10. $(11 + 2) \times 8 = \square$
11. $18 + 6 \times 9 = \square$
12. $(18 + 6) \times 9 = \square$
13. $55 + 4 \times 3 = \square$
14. $(55 + 4) \times 3 = \square$

다음 식을 계산해 봐.

1. $31 + 6 \times 3 =$ ☐
2. $(31 + 6) \times 3 =$ ☐
3. $37 + 8 \times 5 =$ ☐
4. $(37 + 8) \times 5 =$ ☐
5. $29 + 5 \times 7 =$ ☐
6. $(29 + 5) \times 7 =$ ☐
7. $32 + 7 \times 3 =$ ☐
8. $(32 + 7) \times 3 =$ ☐
9. $17 + 9 \times 5 =$ ☐
10. $(17 + 9) \times 5 =$ ☐
11. $22 + 4 \times 8 =$ ☐
12. $(22 + 4) \times 8 =$ ☐
13. $50 + 6 \times 5 =$ ☐
14. $(50 + 6) \times 5 =$ ☐

 다음 식을 계산해 봐.

① 84 + 10 × 9 = ☐   ② (84 + 10) × 9 = ☐

③ 71 + 24 × 5 = ☐   ④ (71 + 24) × 5 = ☐

⑤ 39 + 17 × 8 = ☐   ⑥ (39 + 17) × 8 = ☐

⑦ 62 + 19 × 4 = ☐   ⑧ (62 + 19) × 4 = ☐

⑨ 53 + 16 × 7 = ☐   ⑩ (53 + 16) × 7 = ☐

⑪ 36 + 38 × 3 = ☐   ⑫ (36 + 38) × 3 = ☐

⑬ 27 + 35 × 6 = ☐   ⑭ (27 + 35) × 6 = ☐

다음 식을 계산해 봐.

1. 25 + 22 × 2 = ☐
2. (25 + 22) × 2 = ☐
3. 23 + 32 × 7 = ☐
4. (23 + 32) × 7 = ☐
5. 25 + 16 × 3 = ☐
6. (25 + 16) × 3 = ☐
7. 33 + 21 × 5 = ☐
8. (33 + 21) × 5 = ☐
9. 29 + 51 × 8 = ☐
10. (29 + 51) × 8 = ☐
11. 54 + 17 × 4 = ☐
12. (54 + 17) × 4 = ☐
13. 33 + 26 × 6 = ☐
14. (33 + 26) × 6 = ☐

🍄 다음 식을 계산해 봐.

① 82 + 50 × 12 = ☐   ② (82 + 50) × 12 = ☐

③ 73 + 26 × 11 = ☐   ④ (73 + 26) × 11 = ☐

⑤ 21 + 34 × 21 = ☐   ⑥ (21 + 34) × 21 = ☐

⑦ 42 + 66 × 16 = ☐   ⑧ (42 + 66) × 16 = ☐

⑨ 55 + 27 × 10 = ☐   ⑩ (55 + 27) × 10 = ☐

⑪ 32 + 41 × 30 = ☐   ⑫ (32 + 41) × 30 = ☐

⑬ 63 + 29 × 11 = ☐   ⑭ (63 + 29) × 11 = ☐

다음 식을 계산해 봐.

① $51 + 25 \times 11 =$ ☐ ② $(51 + 25) \times 11 =$ ☐

③ $61 + 19 \times 10 =$ ☐ ④ $(61 + 19) \times 10 =$ ☐

⑤ $21 + 30 \times 21 =$ ☐ ⑥ $(21 + 30) \times 21 =$ ☐

⑦ $64 + 27 \times 15 =$ ☐ ⑧ $(64 + 27) \times 15 =$ ☐

⑨ $27 + 60 \times 11 =$ ☐ ⑩ $(27 + 60) \times 11 =$ ☐

⑪ $28 + 34 \times 14 =$ ☐ ⑫ $(28 + 34) \times 14 =$ ☐

⑬ $56 + 16 \times 13 =$ ☐ ⑭ $(56 + 16) \times 13 =$ ☐

 ## 덧셈·나눗셈 괄호가 없는 **혼합 계산**

보기

$$6 + 9 \div 3 = 9$$

①
3
②
9

① 먼저 9에서 3을 나누면 3이야.
9÷3=3

② 3에 앞의 6을 더하니 9가 되었어.
6+3=9

사칙연산, 이렇게 계산해!

덧셈과 나눗셈이 섞여 있다면,
앞에서부터 차례대로 계산하면 안 돼.
나눗셈이 뒤에 있더라도 **덧셈보다 나눗셈을 먼저 계산해!**

 # 덧셈·나눗셈 괄호가 있는 **혼합 계산**

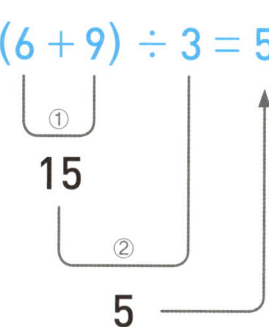

$(6 + 9) \div 3 = 5$

① 15

② 5

① 먼저 괄호가 있는 6과 9를 더하면 **15**야.
6+9=15

② **15**에서 뒤의 **3**을 나누니 **5**가 되었어.
15÷3=5

사칙연산, 이렇게 계산해!

덧셈과 나눗셈이 섞여 있다면, 나눗셈이 뒤에 있더라도
덧셈보다 나눗셈을 먼저 계산하라고 했지?
하지만 **괄호가 있다면 괄호가 있는 식부터 먼저 계산해.**
나눗셈보다 괄호가 우선이야.

다음 식을 따라 쓰며 계산해 봐.

1 $9 + 9 \div 3 = \boxed{}$

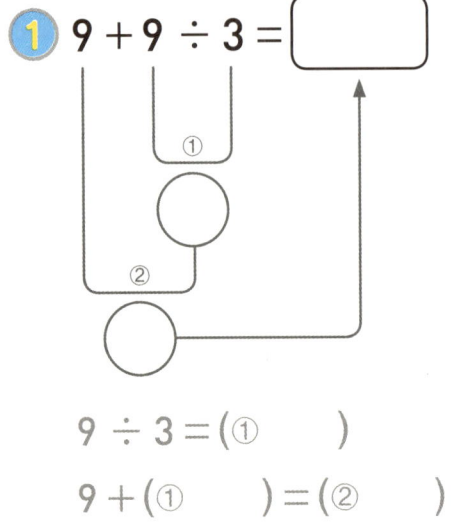

$9 \div 3 = (①)$

$9 + (①) = (②)$

2 $(9 + 9) \div 3 = \boxed{}$

$9 + 9 = (①)$

$(①) \div 3 = (②)$

3 $8 + 8 \div 4 = \boxed{}$

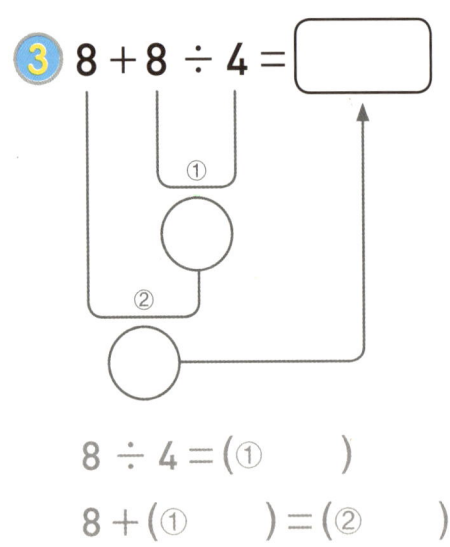

$8 \div 4 = (①)$

$8 + (①) = (②)$

4 $(8 + 8) \div 4 = \boxed{}$

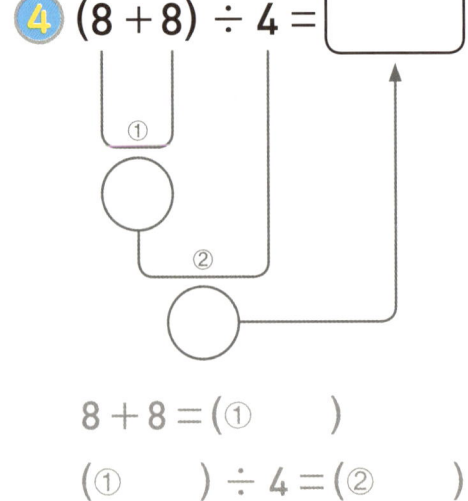

$8 + 8 = (①)$

$(①) \div 4 = (②)$

다음 식을 따라 쓰며 계산해 봐.

1 4 + 10 ÷ 2 = ☐

10 ÷ 2 = (①   )
4 + (①   ) = (②   )

2 (4 + 10) ÷ 2 = ☐

4 + 10 = (①   )
(①   ) ÷ 2 = (②   )

3 6 + 8 ÷ 2 = ☐

8 ÷ 2 = (①   )
6 + (①   ) = (②   )

4 (6 + 8) ÷ 2 = ☐

6 + 8 = (①   )
(①   ) ÷ 2 = (②   )

다음 식을 따라 쓰며 계산해 봐.

1 7 + 7 ÷ 7 = ☐

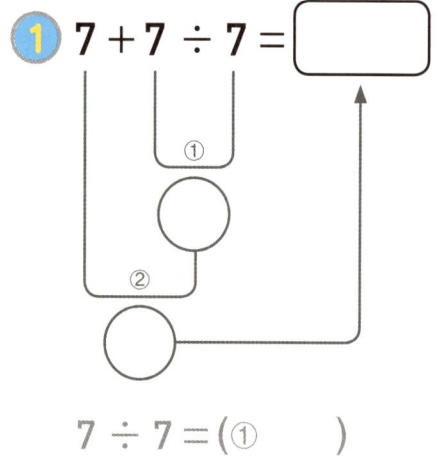

7 ÷ 7 = (①   )
7 + (①   ) = (②   )

2 (7 + 7) ÷ 7 = ☐

7 + 7 = (①   )
(①   ) ÷ 7 = (②   )

3 8 + 4 ÷ 2 = ☐

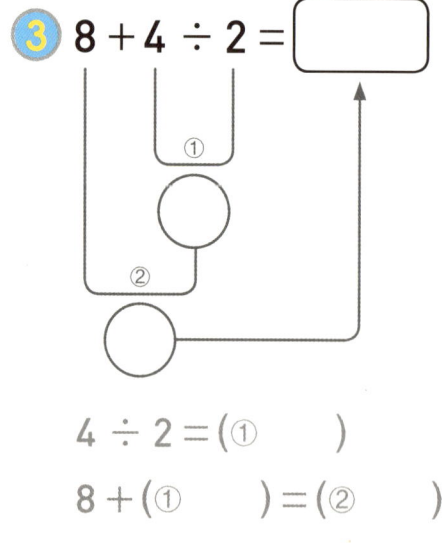

4 ÷ 2 = (①   )
8 + (①   ) = (②   )

4 (8 + 4) ÷ 2 = ☐

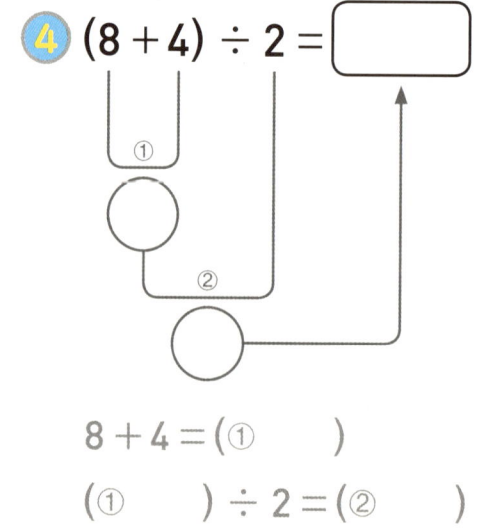

8 + 4 = (①   )
(①   ) ÷ 2 = (②   )

다음 식을 따라 쓰며 계산해 봐.

1 6 + 4 ÷ 2 = ☐

4 ÷ 2 = (①   )
6 + (①   ) = (②   )

2 (6 + 4) ÷ 2 = ☐

6 + 4 = (①   )
(①   ) ÷ 2 = (②   )

3 5 + 9 ÷ 1 = ☐

9 ÷ 1 = (①   )
5 + (①   ) = (②   )

4 (5 + 9) ÷ 1 = ☐

5 + 9 = (①   )
(①   ) ÷ 1 = (②   )

다음 식을 따라 쓰며 계산해 봐.

1. $9 + 3 \div 3 =$ ☐

3 ÷ 3 = (①   )
9 + (①   ) = (②   )

2. $(9 + 3) \div 3 =$ ☐

9 + 3 = (①   )
(①   ) ÷ 3 = (②   )

3. $4 + 8 \div 2 =$ ☐

8 ÷ 2 = (①   )
4 + (①   ) = (②   )

4. $(4 + 8) \div 2 =$ ☐

4 + 8 = (①   )
(①   ) ÷ 2 = (②   )

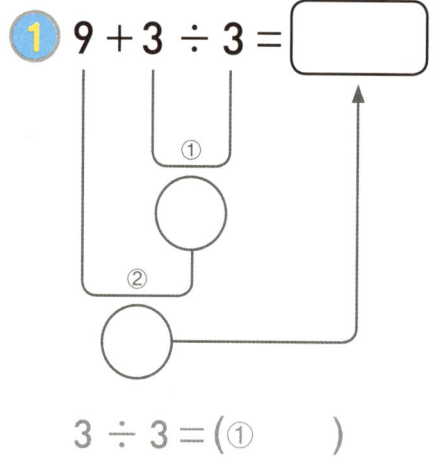
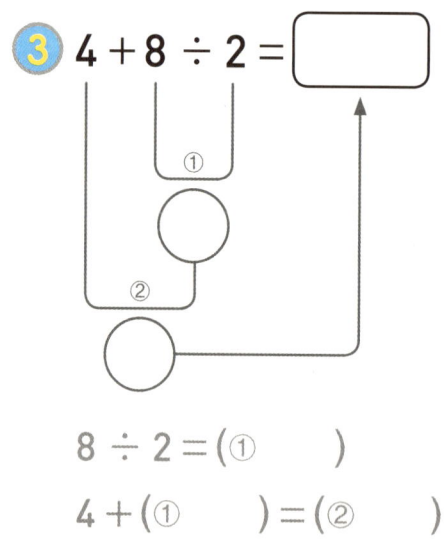
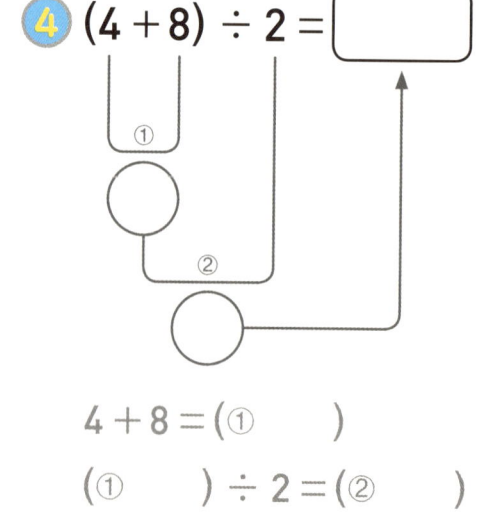

🧑 다음 식을 따라 쓰며 계산해 봐.

1 5 + 30 ÷ 5 = ☐

30 ÷ 5 = (①   )
5 + (①   ) = (②   )

2 (5 + 30) ÷ 5 = ☐
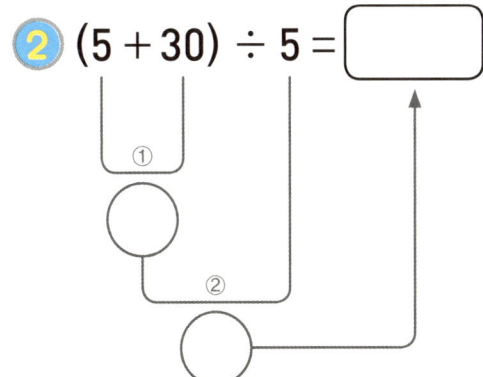

5 + 30 = (①   )
(①   ) ÷ 5 = (②   )

3 6 + 27 ÷ 3 = ☐
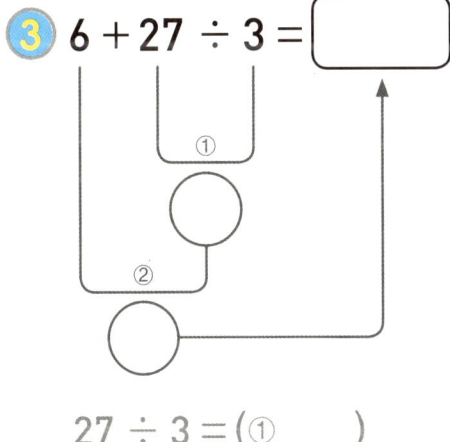

27 ÷ 3 = (①   )
6 + (①   ) = (②   )

4 (6 + 27) ÷ 3 = ☐
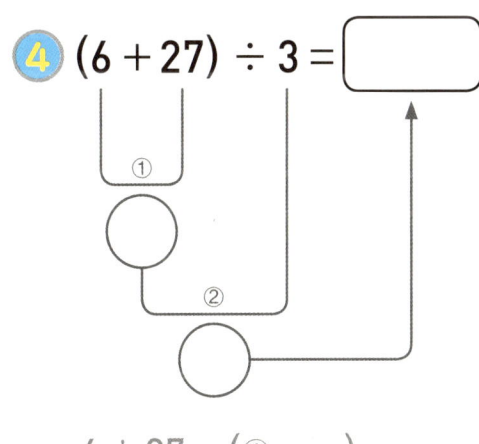

6 + 27 = (①   )
(①   ) ÷ 3 = (②   )

다음 식을 따라 쓰며 계산해 봐.

1 9 + 36 ÷ 9 = ☐

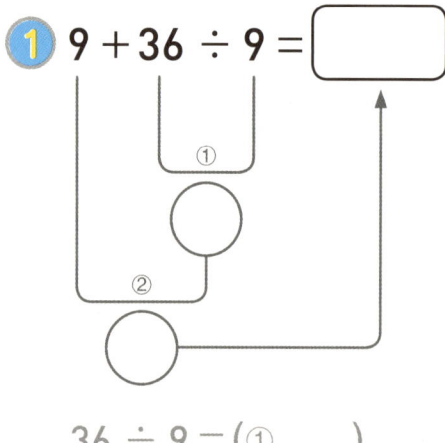

36 ÷ 9 = (①   )
9 + (①   ) = (②   )

2 (9 + 36) ÷ 9 = ☐

9 + 36 = (①   )
(①   ) ÷ 9 = (②   )

3 4 + 40 ÷ 4 = ☐

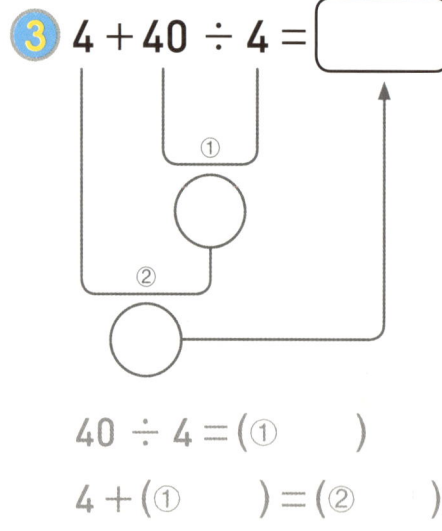

40 ÷ 4 = (①   )
4 + (①   ) = (②   )

4 (4 + 40) ÷ 4 = ☐

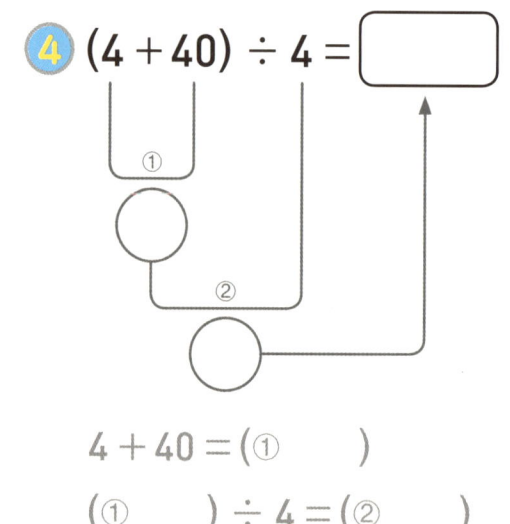

4 + 40 = (①   )
(①   ) ÷ 4 = (②   )

다음 식을 따라 쓰며 계산해 봐.

1 6 + 28 ÷ 2 = ☐

28 ÷ 2 = (①   )
6 + (①   ) = (②   )

2 (6 + 28) ÷ 2 = ☐

6 + 28 = (①   )
(①   ) ÷ 2 = (②   )

3 6 + 66 ÷ 3 = ☐

66 ÷ 3 = (①   )
6 + (①   ) = (②   )

4 (6 + 66) ÷ 3 = ☐

6 + 66 = (①   )
(①   ) ÷ 3 = (②   )

👦 다음 식을 따라 쓰며 계산해 봐.

1 5 + 40 ÷ 10 = ☐

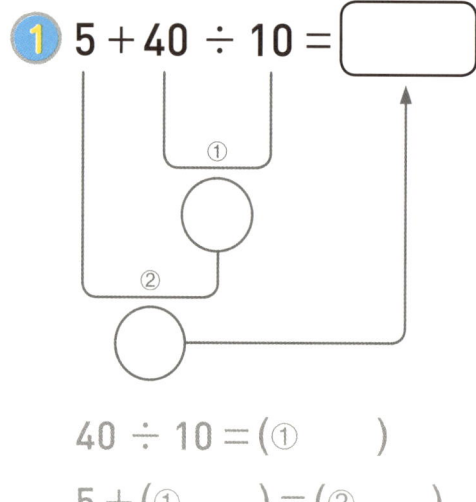

40 ÷ 10 = (①   )
5 + (①   ) = (②   )

2 (5 + 45) ÷ 10 = ☐

5 + 45 = (①   )
(①   ) ÷ 10 = (②   )

3 6 + 44 ÷ 11 = ☐

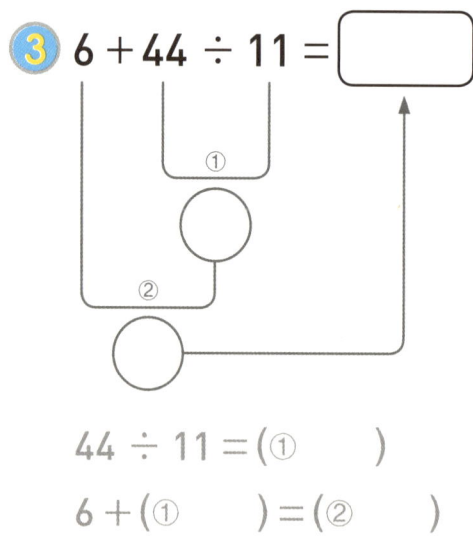

44 ÷ 11 = (①   )
6 + (①   ) = (②   )

4 (6 + 49) ÷ 11 = ☐

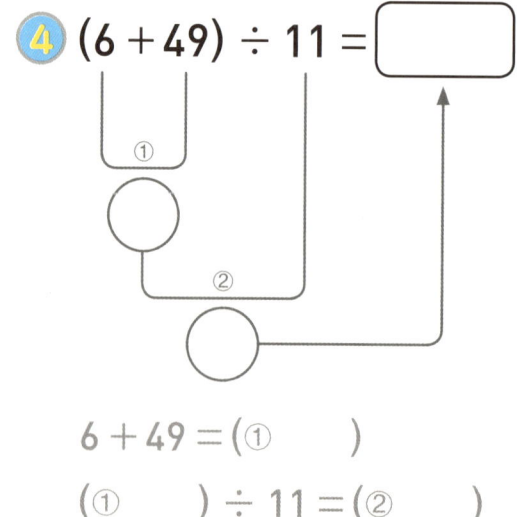

6 + 49 = (①   )
(①   ) ÷ 11 = (②   )

🧑 다음 식을 따라 쓰며 계산해 봐.

1 8 + 48 ÷ 12 = ☐

48 ÷ 12 = (①   )
8 + (①   ) = (②   )

2 (8 + 52) ÷ 12 = ☐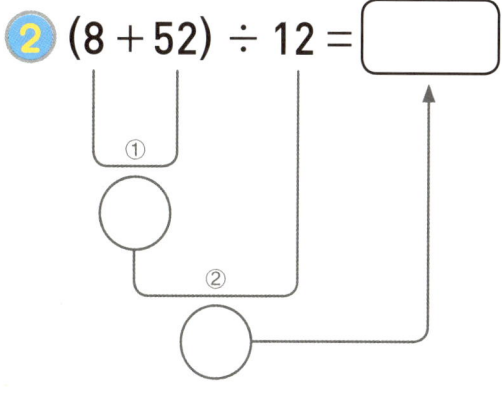

8 + 52 = (①   )
(①   ) ÷ 12 = (②   )

3 7 + 45 ÷ 15 = ☐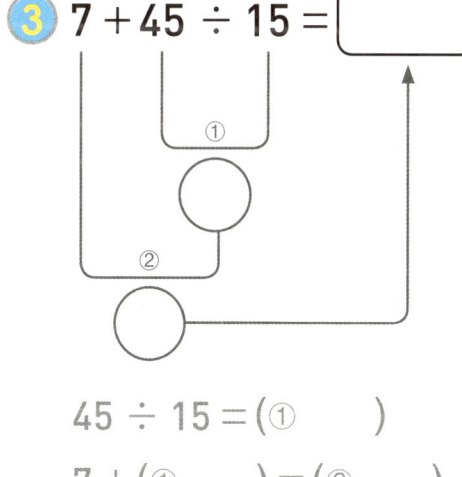

45 ÷ 15 = (①   )
7 + (①   ) = (②   )

4 (8 + 52) ÷ 15 = ☐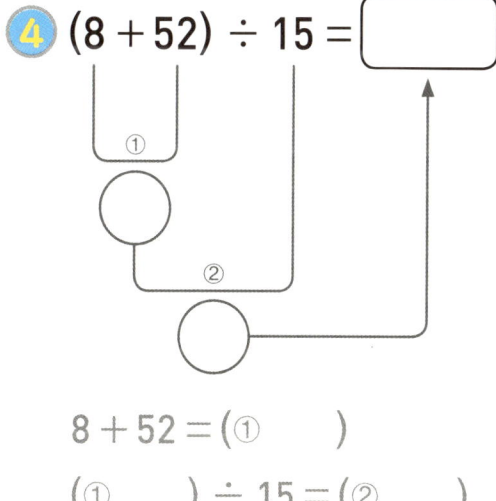

8 + 52 = (①   )
(①   ) ÷ 15 = (②   )

다음 식을 따라 쓰며 계산해 봐.

1 9 + 80 ÷ 20 = ☐

80 ÷ 20 = (①   )
9 + (①   ) = (②   )

2 (9 + 71) ÷ 20 = ☐

9 + 71 = (①   )
(①   ) ÷ 20 = (②   )

3 4 + 54 ÷ 18 = ☐

54 ÷ 18 = (①   )
4 + (①   ) = (②   )

4 (5 + 67) ÷ 18 = ☐

5 + 67 = (①   )
(①   ) ÷ 18 = (②   )

🧑 다음 식을 따라 쓰며 계산해 봐.

1 16 + 8 ÷ 4 = ☐

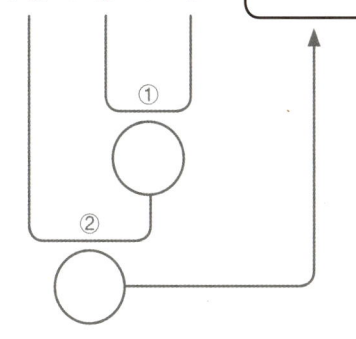

8 ÷ 4 = (①　　)
16 + (①　　) = (②　　)

2 (16 + 8) ÷ 4 = ☐

16 + 8 = (①　　)
(①　　) ÷ 4 = (②　　)

3 38 + 4 ÷ 2 = ☐

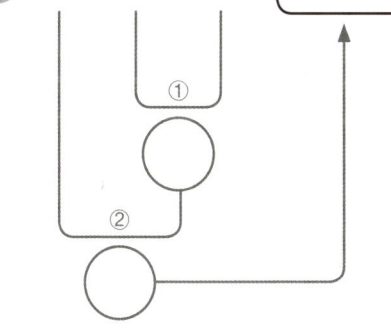

4 ÷ 2 = (①　　)
38 + (①　　) = (②　　)

4 (38 + 4) ÷ 2 = ☐

38 + 4 = (①　　)
(①　　) ÷ 2 = (②　　)

다음 식을 따라 쓰며 계산해 봐.

① 48 + 8 ÷ 2 = ☐

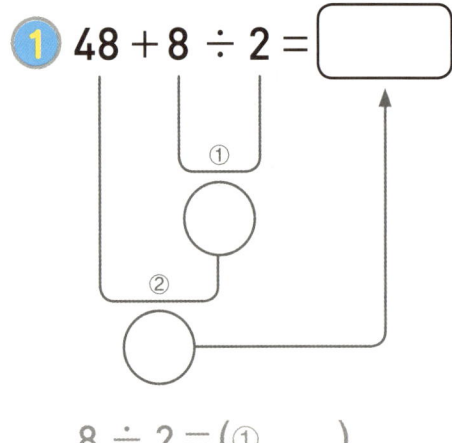

8 ÷ 2 = (①   )
48 + (①   ) = (②   )

② (48 + 8) ÷ 2 = ☐

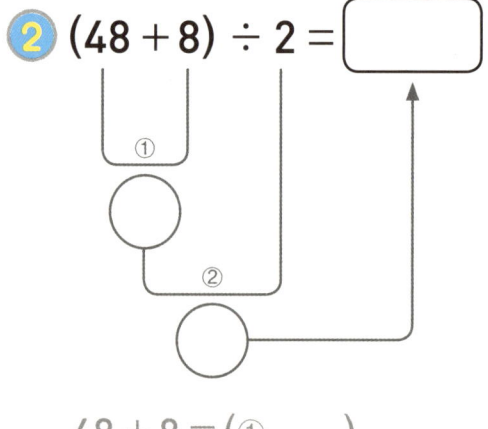

48 + 8 = (①   )
(①   ) ÷ 2 = (②   )

③ 15 + 9 ÷ 3 = ☐

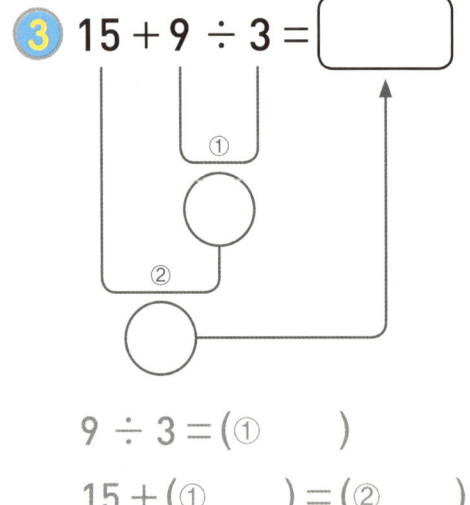

9 ÷ 3 = (①   )
15 + (①   ) = (②   )

④ (15 + 9) ÷ 3 = ☐

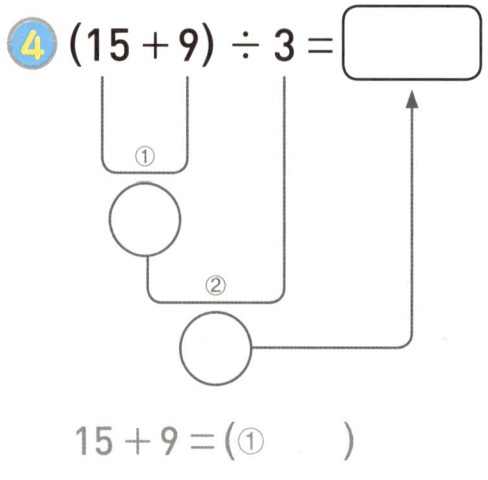

15 + 9 = (①   )
(①   ) ÷ 3 = (②   )

🧒 다음 식을 따라 쓰며 계산해 봐.

1 27 + 6 ÷ 3 = ☐

6 ÷ 3 = (①   )
27 + (①   ) = (②   )

2 (27 + 6) ÷ 3 = ☐

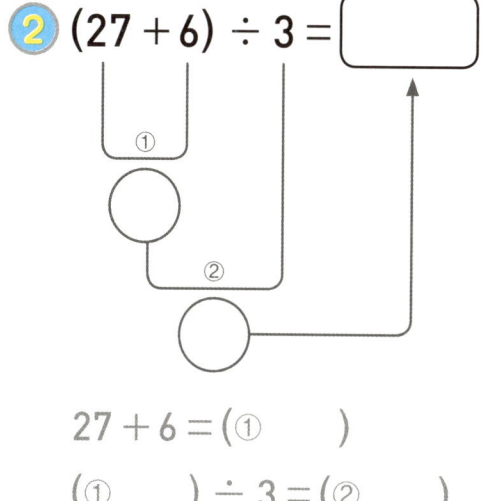

27 + 6 = (①   )
(①   ) ÷ 3 = (②   )

3 60 + 5 ÷ 5 = ☐

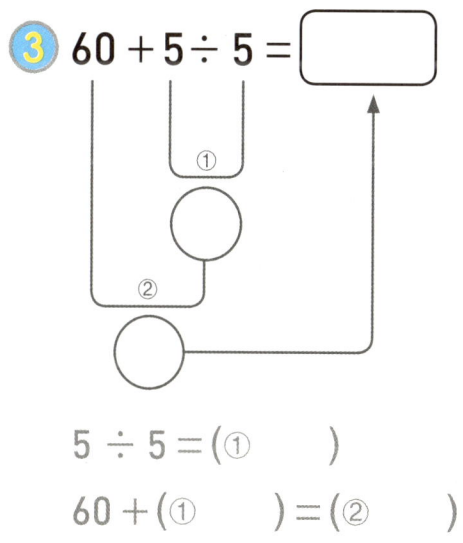

5 ÷ 5 = (①   )
60 + (①   ) = (②   )

4 (60 + 5) ÷ 5 = ☐

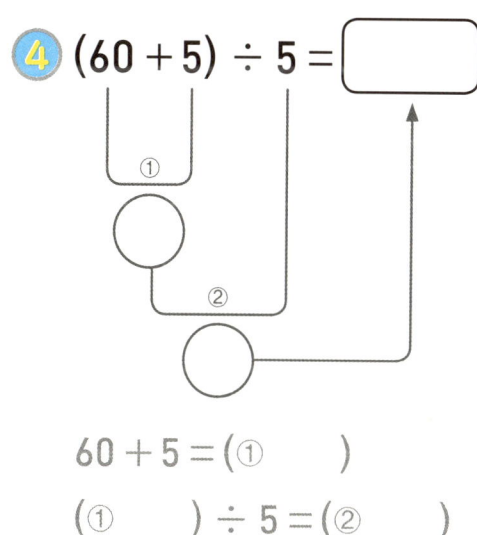

60 + 5 = (①   )
(①   ) ÷ 5 = (②   )

다음 식을 따라 쓰며 계산해 봐.

① 18 + 66 ÷ 6 = ☐

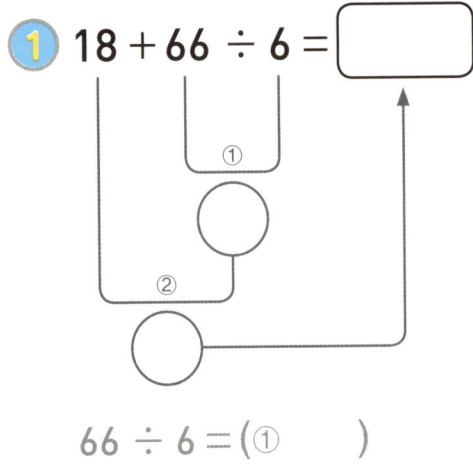

66 ÷ 6 = (①   )
18 + (①   ) = (②   )

② (18 + 66) ÷ 6 = ☐

18 + 66 = (①   )
(①   ) ÷ 6 = (②   )

③ 28 + 32 ÷ 4 = ☐

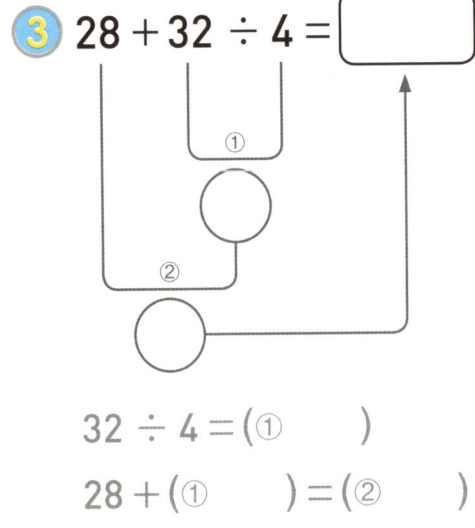

32 ÷ 4 = (①   )
28 + (①   ) = (②   )

④ (28 + 32) ÷ 4 = ☐

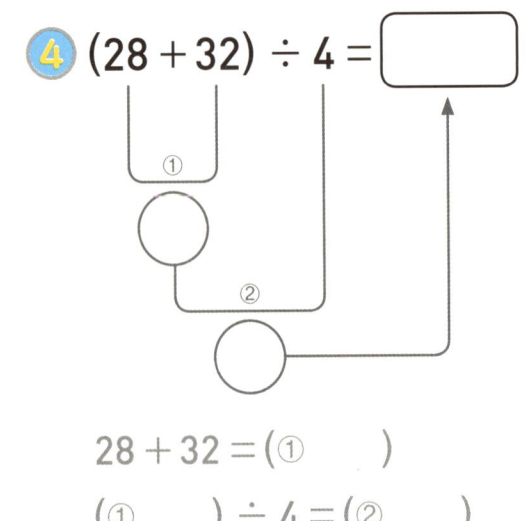

28 + 32 = (①   )
(①   ) ÷ 4 = (②   )

다음 식을 따라 쓰며 계산해 봐.

1 24 + 48 ÷ 8 = ☐

48 ÷ 8 = (①   )
24 + (①   ) = (②   )

2 (24 + 48) ÷ 8 = ☐

24 + 48 = (①   )
(①   ) ÷ 8 = (②   )

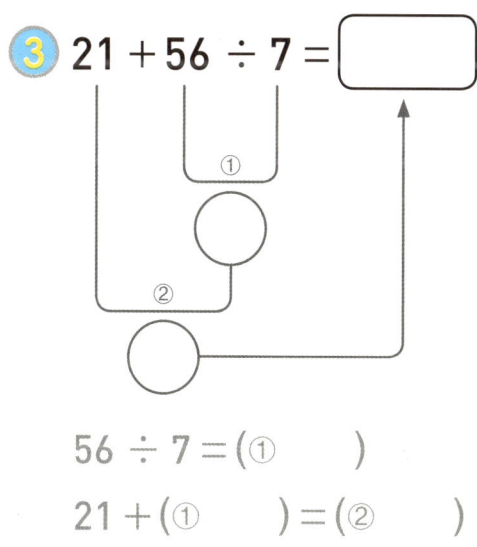

3 21 + 56 ÷ 7 = ☐

56 ÷ 7 = (①   )
21 + (①   ) = (②   )

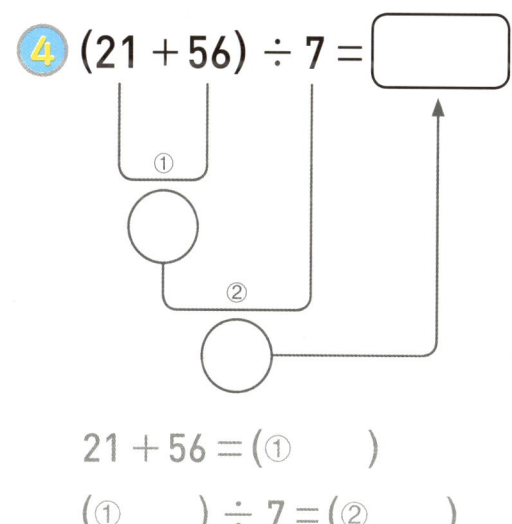

4 (21 + 56) ÷ 7 = ☐

21 + 56 = (①   )
(①   ) ÷ 7 = (②   )

다음 식을 따라 쓰며 계산해 봐.

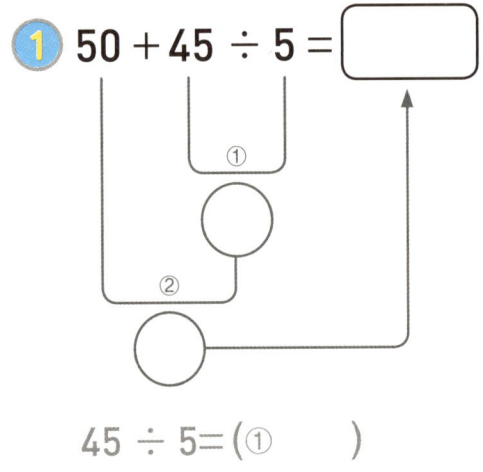

① 50 + 45 ÷ 5 =

45 ÷ 5 = (①   )
50 + (①   ) = (②   )

② (50 + 45) ÷ 5 =

50 + 45 = (①   )
(①   ) ÷ 5 = (②   )

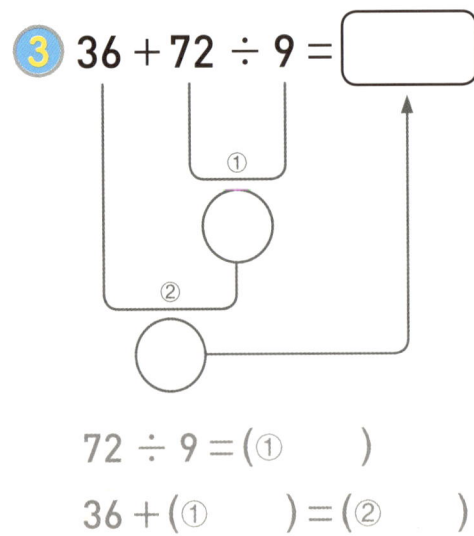

③ 36 + 72 ÷ 9 =

72 ÷ 9 = (①   )
36 + (①   ) = (②   )

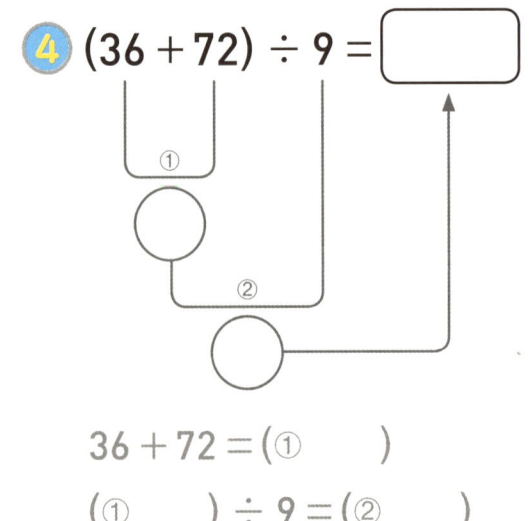

④ (36 + 72) ÷ 9 =

36 + 72 = (①   )
(①   ) ÷ 9 = (②   )

다음 식을 따라 쓰며 계산해 봐.

① 24 + 36 ÷ 12 = ☐

36 ÷ 12 = (① 　　)
24 + (① 　　) = (② 　　)

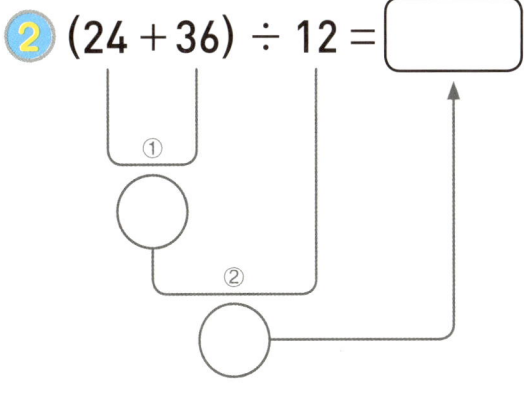

② (24 + 36) ÷ 12 = ☐

24 + 36 = (① 　　)
(① 　　) ÷ 12 = (② 　　)

③ 48 + 72 ÷ 24 = ☐

72 ÷ 24 = (① 　　)
48 + (① 　　) = (② 　　)

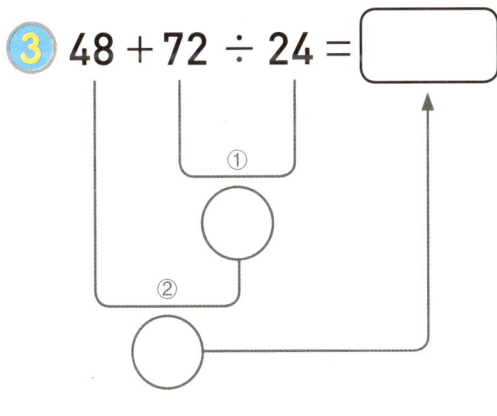

④ (48 + 72) ÷ 24 = ☐

48 + 72 = (① 　　)
(① 　　) ÷ 24 = (② 　　)

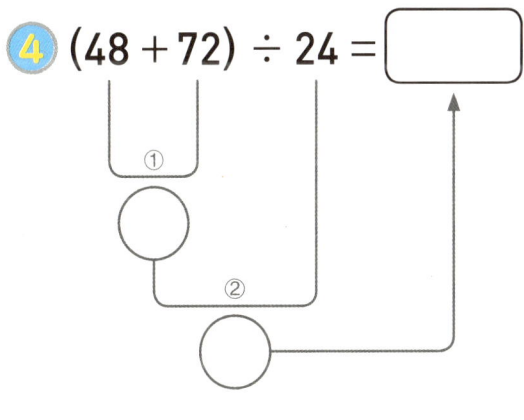

다음 식을 따라 쓰며 계산해 봐.

1 18 + 90 ÷ 18 = ☐

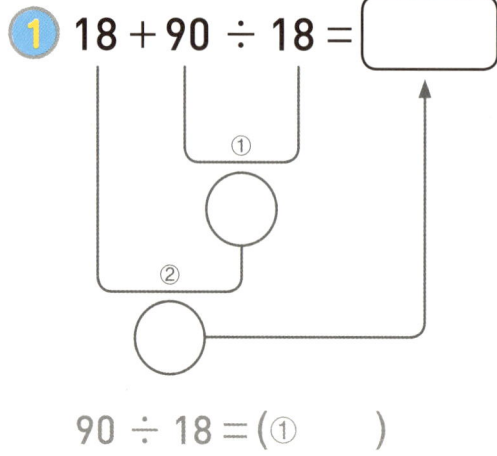

90 ÷ 18 = (①   )
18 + (①   ) = (②   )

2 (18 + 90) ÷ 18 = ☐

18 + 90 = (①   )
(①   ) ÷ 18 = (②   )

3 32 + 64 ÷ 16 = ☐

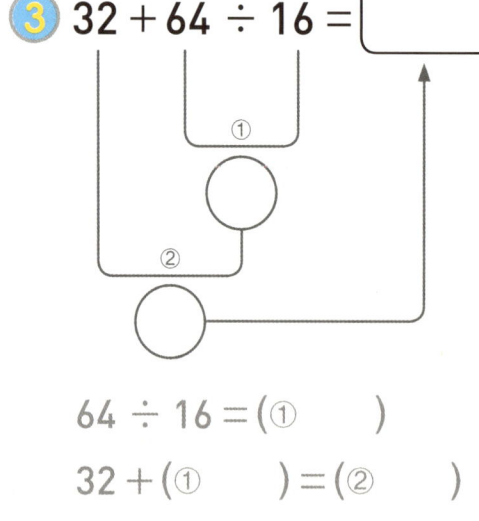

64 ÷ 16 = (①   )
32 + (①   ) = (②   )

4 (32 + 64) ÷ 16 = ☐

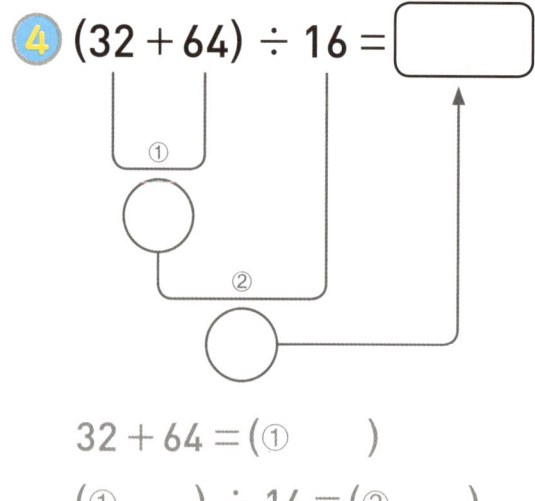

32 + 64 = (①   )
(①   ) ÷ 16 = (②   )

다음 식을 따라 쓰며 계산해 봐.

1 42 + 63 ÷ 21 = ☐

63 ÷ 21 = (①   )
42 + (①   ) = (②   )

2 (42 + 63) ÷ 21 = ☐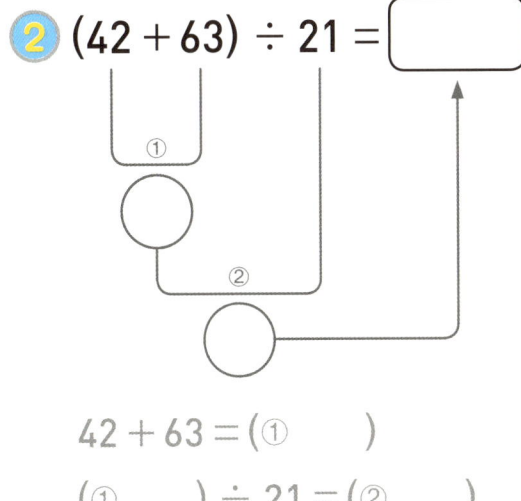

42 + 63 = (①   )
(①   ) ÷ 21 = (②   )

3 33 + 77 ÷ 11 = ☐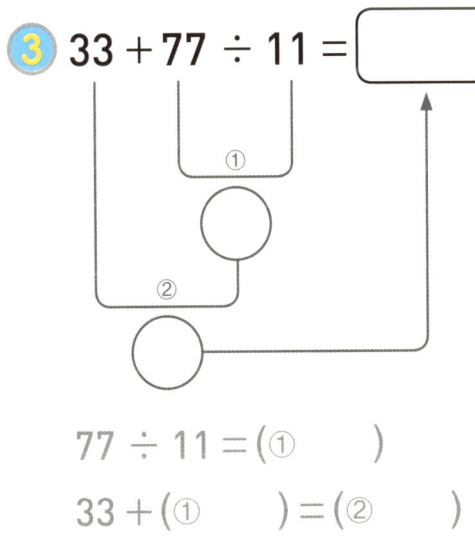

77 ÷ 11 = (①   )
33 + (①   ) = (②   )

4 (33 + 77) ÷ 11 = ☐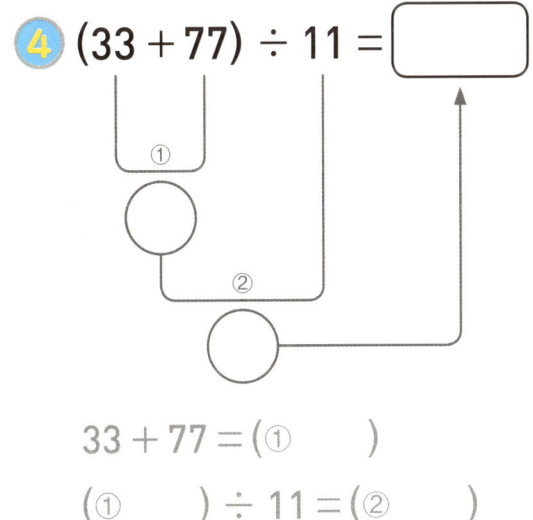

33 + 77 = (①   )
(①   ) ÷ 11 = (②   )

 다음 식을 계산해 봐.

① 9 + 9 ÷ 9 = ☐　　② (9 + 9) ÷ 9 = ☐

③ 9 + 6 ÷ 3 = ☐　　④ (9 + 6) ÷ 3 = ☐

⑤ 2 + 8 ÷ 2 = ☐　　⑥ (2 + 8) ÷ 2 = ☐

⑦ 6 + 6 ÷ 6 = ☐　　⑧ (6 + 6) ÷ 6 = ☐

⑨ 3 + 6 ÷ 3 = ☐　　⑩ (3 + 6) ÷ 3 = ☐

⑪ 6 + 6 ÷ 3 = ☐　　⑫ (6 + 6) ÷ 3 = ☐

⑬ 4 + 2 ÷ 2 = ☐　　⑭ (4 + 2) ÷ 2 = ☐

다음 식을 계산해 봐.

① $3 + 9 \div 3 =$ ☐ ② $(3 + 9) \div 3 =$ ☐

③ $8 + 6 \div 2 =$ ☐ ④ $(8 + 6) \div 2 =$ ☐

⑤ $8 + 8 \div 2 =$ ☐ ⑥ $(8 + 8) \div 2 =$ ☐

⑦ $8 + 8 \div 8 =$ ☐ ⑧ $(8 + 8) \div 8 =$ ☐

⑨ $2 + 6 \div 2 =$ ☐ ⑩ $(2 + 6) \div 2 =$ ☐

⑪ $2 + 4 \div 2 =$ ☐ ⑫ $(2 + 4) \div 2 =$ ☐

⑬ $4 + 4 \div 2 =$ ☐ ⑭ $(4 + 4) \div 2 =$ ☐

 다음 식을 계산해 봐.

1. $9 + 81 \div 9 =$ ☐
2. $(9 + 81) \div 9 =$ ☐
3. $8 + 64 \div 8 =$ ☐
4. $(8 + 64) \div 8 =$ ☐
5. $6 + 48 \div 2 =$ ☐
6. $(6 + 48) \div 2 =$ ☐
7. $6 + 54 \div 6 =$ ☐
8. $(6 + 54) \div 6 =$ ☐
9. $8 + 36 \div 4 =$ ☐
10. $(8 + 36) \div 4 =$ ☐
11. $7 + 49 \div 7 =$ ☐
12. $(7 + 49) \div 7 =$ ☐
13. $9 + 45 \div 3 =$ ☐
14. $(9 + 45) \div 3 =$ ☐

🍑 다음 식을 계산해 봐.

① $9 + 72 \div 9 =$ ☐   ② $(9 + 72) \div 9 =$ ☐

③ $8 + 56 \div 8 =$ ☐   ④ $(8 + 56) \div 8 =$ ☐

⑤ $6 + 63 \div 3 =$ ☐   ⑥ $(6 + 63) \div 3 =$ ☐

⑦ $0 + 45 \div 5 =$ ☐   ⑧ $(0 + 45) \div 5 =$ ☐

⑨ $5 + 40 \div 5 =$ ☐   ⑩ $(5 + 40) \div 5 =$ ☐

⑪ $6 + 42 \div 3 =$ ☐   ⑫ $(6 + 42) \div 3 =$ ☐

⑬ $8 + 32 \div 4 =$ ☐   ⑭ $(8 + 32) \div 4 =$ ☐

🎀 다음 식을 계산해 봐.

1. $9 + 80 \div 10 =$ ☐
2. $(9 + 81) \div 10 =$ ☐
3. $8 + 40 \div 20 =$ ☐
4. $(8 + 40) \div 12 =$ ☐
5. $7 + 45 \div 15 =$ ☐
6. $(7 + 45) \div 13 =$ ☐
7. $6 + 56 \div 14 =$ ☐
8. $(6 + 78) \div 14 =$ ☐
9. $5 + 72 \div 18 =$ ☐
10. $(5 + 85) \div 18 =$ ☐
11. $4 + 51 \div 17 =$ ☐
12. $(4 + 64) \div 17 =$ ☐
13. $3 + 66 \div 22 =$ ☐
14. $(3 + 63) \div 22 =$ ☐

다음 식을 계산해 봐.

1. $9 + 77 ÷ 11 =$ ☐
2. $(9 + 79) ÷ 11 =$ ☐
3. $8 + 63 ÷ 21 =$ ☐
4. $(8 + 76) ÷ 21 =$ ☐
5. $7 + 64 ÷ 16 =$ ☐
6. $(7 + 73) ÷ 16 =$ ☐
7. $6 + 50 ÷ 25 =$ ☐
8. $(6 + 69) ÷ 25 =$ ☐
9. $5 + 48 ÷ 12 =$ ☐
10. $(5 + 55) ÷ 12 =$ ☐
11. $4 + 52 ÷ 13 =$ ☐
12. $(4 + 61) ÷ 13 =$ ☐
13. $3 + 82 ÷ 41 =$ ☐
14. $(3 + 79) ÷ 41 =$ ☐

🎀 다음 식을 계산해 봐.

① 18 + 9 ÷ 9 = ☐　　② (18 + 9) ÷ 9 = ☐

③ 32 + 8 ÷ 8 = ☐　　④ (32 + 8) ÷ 8 = ☐

⑤ 34 + 8 ÷ 2 = ☐　　⑥ (34 + 8) ÷ 2 = ☐

⑦ 49 + 7 ÷ 7 = ☐　　⑧ (49 + 7) ÷ 7 = ☐

⑨ 48 + 6 ÷ 3 = ☐　　⑩ (48 + 6) ÷ 3 = ☐

⑪ 50 + 6 ÷ 2 = ☐　　⑫ (50 + 6) ÷ 2 = ☐

⑬ 24 + 4 ÷ 2 = ☐　　⑭ (24 + 4) ÷ 2 = ☐

🍑 다음 식을 계산해 봐.

① 27 + 9 ÷ 3 = ☐   ② (27 + 9) ÷ 3 = ☐

③ 56 + 8 ÷ 4 = ☐   ④ (56 + 8) ÷ 4 = ☐

⑤ 30 + 8 ÷ 2 = ☐   ⑥ (30 + 8) ÷ 2 = ☐

⑦ 35 + 7 ÷ 7 = ☐   ⑧ (35 + 7) ÷ 7 = ☐

⑨ 33 + 6 ÷ 3 = ☐   ⑩ (33 + 6) ÷ 3 = ☐

⑪ 64 + 8 ÷ 4 = ☐   ⑫ (64 + 8) ÷ 4 = ☐

⑬ 45 + 5 ÷ 5 = ☐   ⑭ (45 + 5) ÷ 5 = ☐

👧 다음 식을 계산해 봐.

① 18 + 81 ÷ 9 = ☐   ② (18 + 81) ÷ 9 = ☐

③ 24 + 64 ÷ 8 = ☐   ④ (24 + 64) ÷ 8 = ☐

⑤ 12 + 48 ÷ 6 = ☐   ⑥ (12 + 48) ÷ 6 = ☐

⑦ 63 + 54 ÷ 9 = ☐   ⑧ (63 + 54) ÷ 9 = ☐

⑨ 24 + 36 ÷ 6 = ☐   ⑩ (24 + 36) ÷ 6 = ☐

⑪ 42 + 49 ÷ 7 = ☐   ⑫ (42 + 49) ÷ 7 = ☐

⑬ 36 + 48 ÷ 6 = ☐   ⑭ (36 + 48) ÷ 6 = ☐

다음 식을 계산해 봐.

① 16 + 72 ÷ 8 = ☐   ② (16 + 72) ÷ 8 = ☐

③ 14 + 56 ÷ 7 = ☐   ④ (14 + 56) ÷ 7 = ☐

⑤ 21 + 63 ÷ 7 = ☐   ⑥ (21 + 63) ÷ 7 = ☐

⑦ 15 + 45 ÷ 5 = ☐   ⑧ (15 + 45) ÷ 5 = ☐

⑨ 56 + 40 ÷ 8 = ☐   ⑩ (56 + 40) ÷ 8 = ☐

⑪ 42 + 35 ÷ 7 = ☐   ⑫ (42 + 35) ÷ 7 = ☐

⑬ 28 + 32 ÷ 4 = ☐   ⑭ (28 + 32) ÷ 4 = ☐

 다음 식을 계산해 봐.

① $20 + 60 ÷ 20 =$ ☐   ② $(20 + 60) ÷ 20 =$ ☐

③ $45 + 60 ÷ 15 =$ ☐   ④ $(45 + 60) ÷ 15 =$ ☐

⑤ $50 + 75 ÷ 25 =$ ☐   ⑥ $(50 + 75) ÷ 25 =$ ☐

⑦ $14 + 56 ÷ 14 =$ ☐   ⑧ $(14 + 56) ÷ 14 =$ ☐

⑨ $36 + 72 ÷ 18 =$ ☐   ⑩ $(36 + 72) ÷ 18 =$ ☐

⑪ $34 + 51 ÷ 17 =$ ☐   ⑫ $(34 + 51) ÷ 17 =$ ☐

⑬ $44 + 66 ÷ 22 =$ ☐   ⑭ $(44 + 66) ÷ 22 =$ ☐

다음 식을 계산해 봐.

1. 66 + 77 ÷ 11 = ☐
2. (66 + 77) ÷ 11 = ☐

3. 42 + 63 ÷ 21 = ☐
4. (42 + 63) ÷ 21 = ☐

5. 32 + 64 ÷ 16 = ☐
6. (32 + 64) ÷ 16 = ☐

7. 75 + 50 ÷ 25 = ☐
8. (75 + 50) ÷ 25 = ☐

9. 72 + 48 ÷ 12 = ☐
10. (72 + 48) ÷ 12 = ☐

11. 39 + 52 ÷ 13 = ☐
12. (39 + 52) ÷ 13 = ☐

13. 41 + 82 ÷ 41 = ☐
14. (41 + 82) ÷ 41 = ☐

덧셈·뺄셈·곱셈 괄호가 없는 혼합 계산

보기

$$20 + 8 - 2 \times 3 = 22$$

①
6
②
28
③
22

① 먼저 2와 3을 곱하면 6이야.
2×3=6

② 앞의 20과 8을 더하면 28이야.
20+8=28

③ 28에서 6을 빼니 22가 되었어.
28-6=22

사칙연산, 이렇게 계산해!

덧셈과 뺄셈, 곱셈이 섞여 있다면,
곱셈 먼저 계산한 뒤에 앞에서부터 차례대로 계산해.
곱셈이 뒤에 있더라도 곱셈 먼저 계산해.

# 덧셈·뺄셈·곱셈 괄호가 있는 혼합 계산

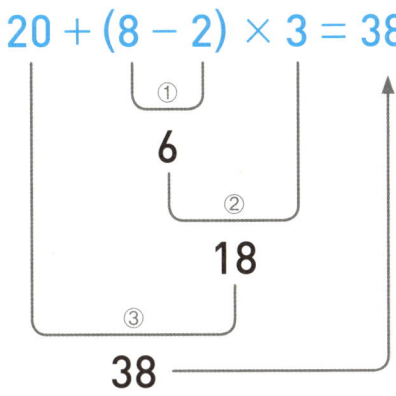

① 먼저 괄호가 있는 8에서 2를 빼면 6이야.
8-2=6

② 6과 뒤의 3을 곱하면 18이야.
6×3=18

③ 앞에 있는 20과 18을 더하니 38이 되었어.
20+18=38

사칙연산, 이렇게 계산해!

덧셈과 뺄셈, 곱셈이 섞여 있다면 곱셈이 뒤에 있더라도 곱셈 먼저 계산하라고 했어.
하지만 괄호가 있다면 괄호가 있는 식부터 먼저 계산해.

다음 식을 따라 쓰며 계산해 봐.

1 9 + 8 − 5 × 3 = ☐

5 × 3 = (①　　)
9 + 8 = (②　　)
(②　　) − (①　　) = (③　　)

2 9 + (8 − 5) × 3 = ☐
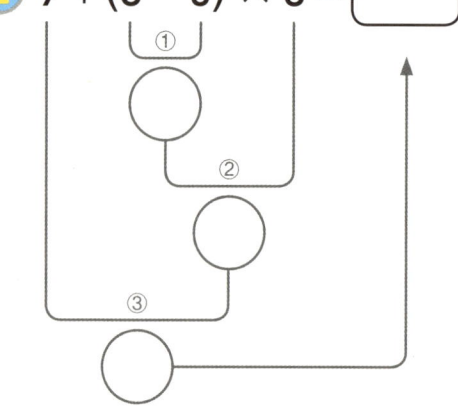

8 − 5 = (①　　)
(①　　) × 3 = (②　　)
9 + (②　　) = (③　　)

3 19 + 11 − 4 × 5 = ☐
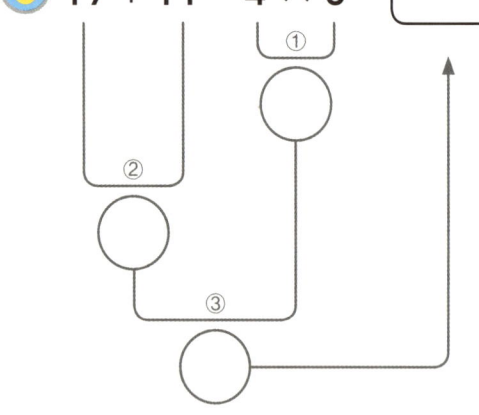

4 × 5 = (①　　)
19 + 11 = (②　　)
(②　　) − (①　　) = (③　　)

4 19 + (11 − 4) × 5 = ☐
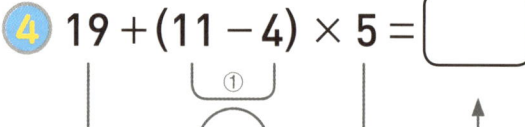
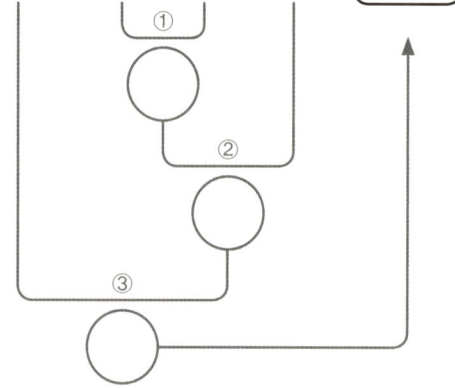

11 − 4 = (①　　)
(①　　) × 5 = (②　　)
19 + (②　　) = (③　　)

🧑 다음 식을 따라 쓰며 계산해 봐.

1 31 + 45 − 8 × 7 = ☐

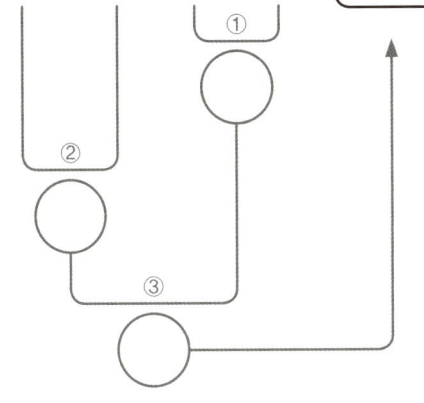

8 × 7 = (①   )
31 + 45 = (②   )
(②   ) − (①   ) = (③   )

2 31 + (45 − 8) × 7 = ☐

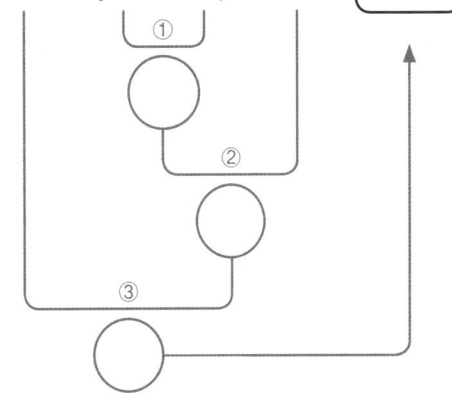

45 − 8 = (①   )
(①   ) × 7 = (②   )
31 + (②   ) = (③   )

3 21 + 15 − 3 × 8 = ☐

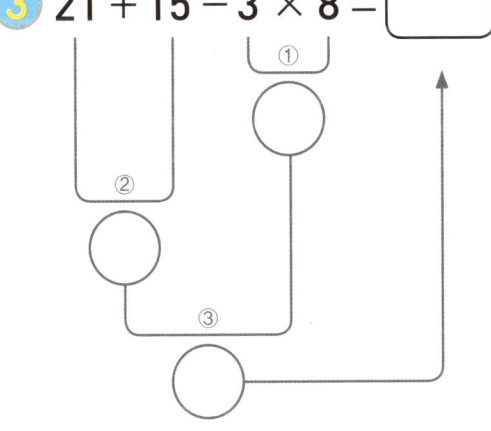

3 × 8 = (①   )
21 + 15 = (②   )
(②   ) − (①   ) = (③   )

4 21 + (15 − 3) × 8 = ☐

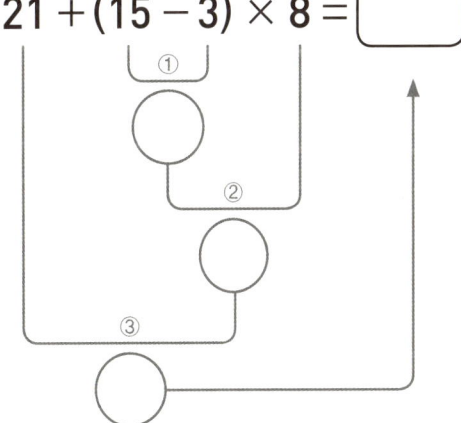

15 − 3 = (①   )
(①   ) × 8 = (②   )
21 + (②   ) = (③   )

 다음 식을 따라 쓰며 계산해 봐.

1 19 + 34 − 6 × 7 = ☐

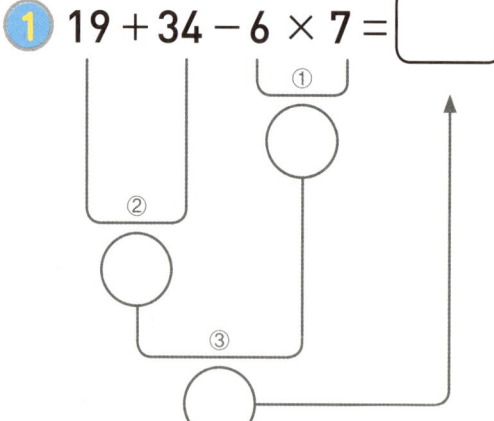

6 × 7 = (①   )
19 + 34 = (②   )
(②   ) − (①   ) = (③   )

2 19 + (34 − 6) × 7 = ☐

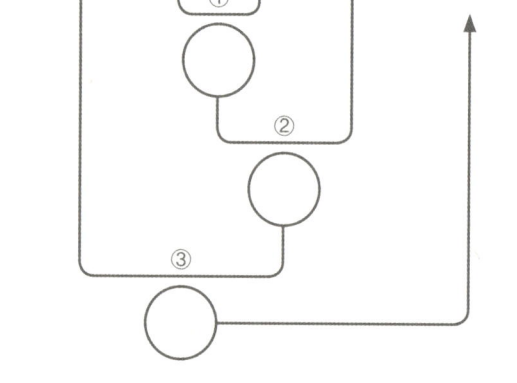

34 − 6 = (①   )
(①   ) × 7 = (②   )
19 + (②   ) = (③   )

3 31 + 19 − 10 × 3 = ☐

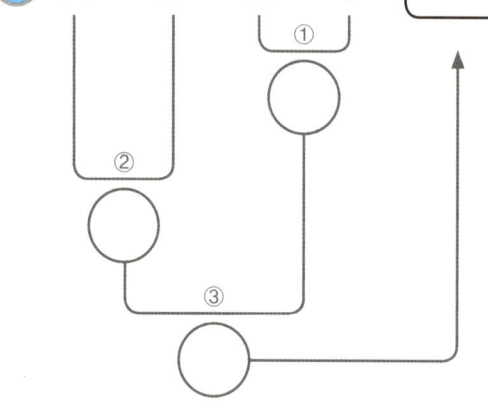

10 × 3 = (①   )
31 + 19 = (②   )
(②   ) − (①   ) = (③   )

4 31 + (19 − 10) × 3 = ☐

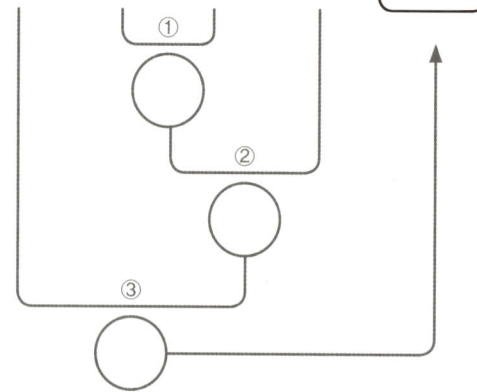

19 − 10 = (①   )
(①   ) × 3 = (②   )
31 + (②   ) = (③   )

🧑 다음 식을 따라 쓰며 계산해 봐.

1 62 + 26 − 12 × 5 = ☐

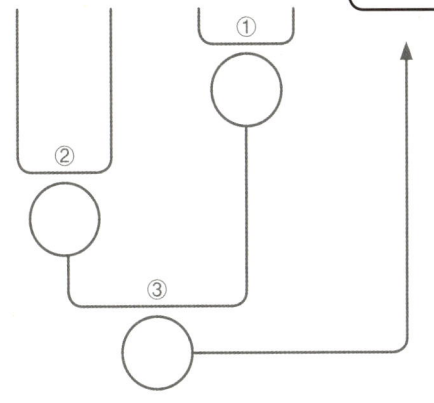

12 × 5 = (①   )
62 + 26 = (②   )
(②   ) − (①   ) = (③   )

2 62 + (26 − 12) × 5 = ☐

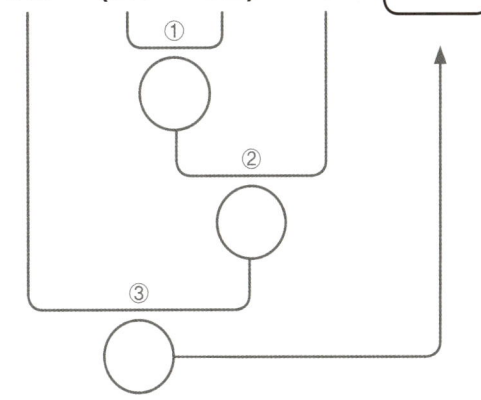

26 − 12 = (①   )
(①   ) × 5 = (②   )
62 + (②   ) = (③   )

3 57 + 95 − 20 × 7 = ☐

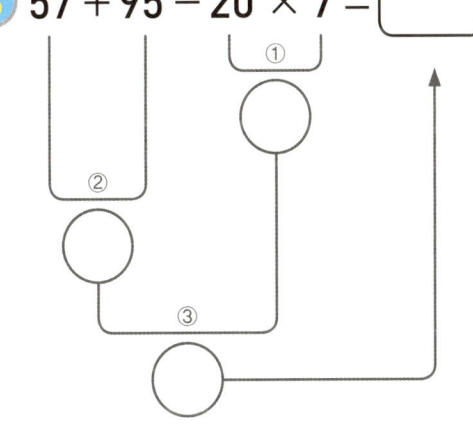

20 × 7 = (①   )
57 + 95 = (②   )
(②   ) − (①   ) = (③   )

4 57 + (95 − 20) × 7 = ☐

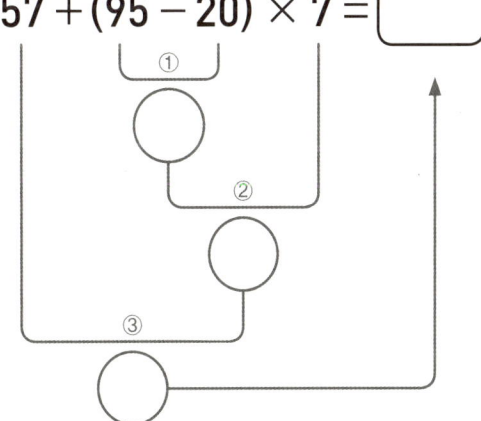

95 − 20 = (①   )
(①   ) × 7 = (②   )
57 + (②   ) = (③   )

다음 식을 따라 쓰며 계산해 봐.

1 16 + 42 − 16 × 3 = ☐

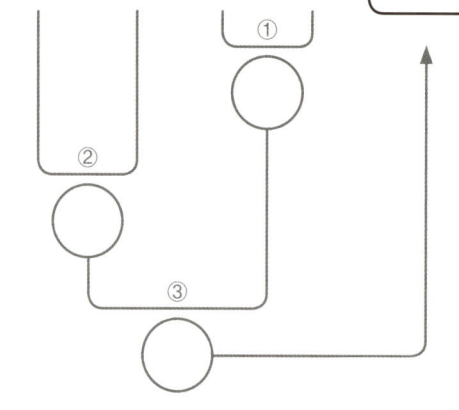

16 × 3 = (①   )
16 + 42 = (②   )
(②   ) − (①   ) = (③   )

2 16 + (42 − 16) × 3 = ☐

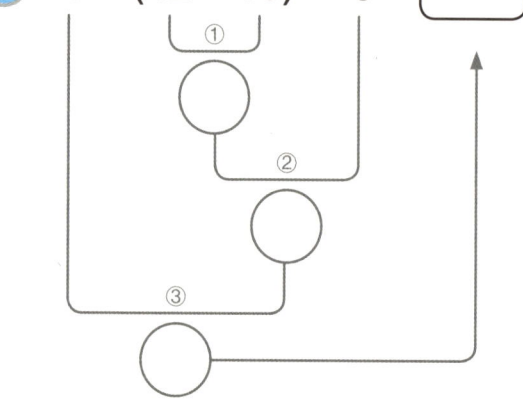

42 − 16 = (①   )
(①   ) × 3 = (②   )
16 + (②   ) = (③   )

3 78 + 52 − 18 × 7 = ☐

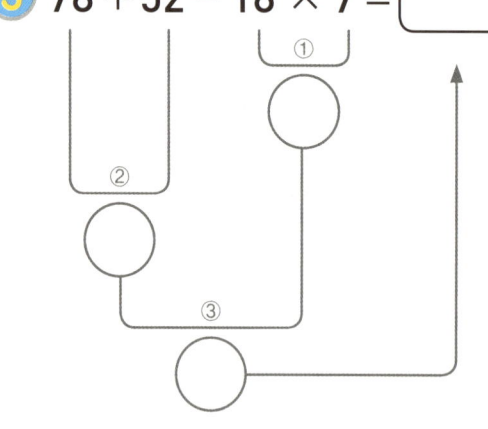

18 × 7 = (①   )
78 + 52 = (②   )
(②   ) − (①   ) = (③   )

4 78 + (52 − 18) × 7 = ☐

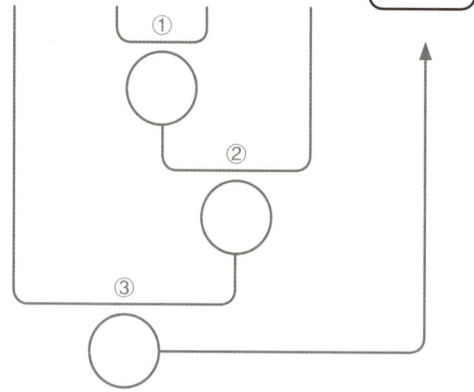

52 − 18 = (①   )
(①   ) × 7 = (②   )
78 + (②   ) = (③   )

다음 식을 따라 쓰며 계산해 봐.

1️⃣ 52 + 63 − 22 × 4 = ☐

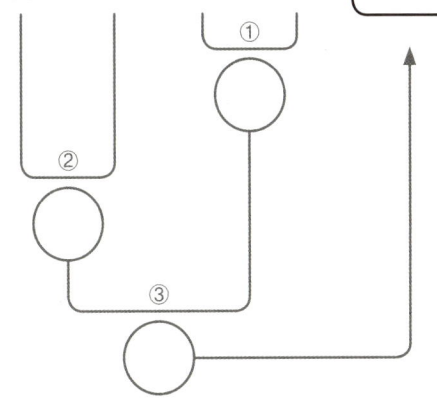

22 × 4 = (①   )
52 + 63 = (②   )
(②   ) − (①   ) = (③   )

2️⃣ 52 + (63 − 22) × 4 = ☐

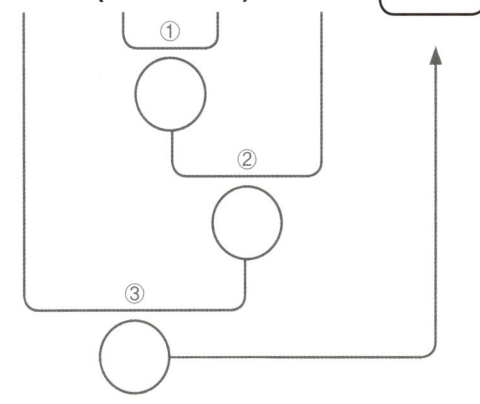

63 − 22 = (①   )
(①   ) × 4 = (②   )
52 + (②   ) = (③   )

3️⃣ 91 + 67 − 11 × 12 = ☐

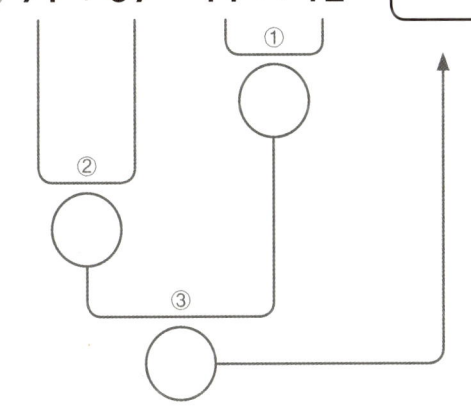

11 × 12 = (①   )
91 + 67 = (②   )
(②   ) − (①   ) = (③   )

4️⃣ 91 + (67 − 11) × 12 = ☐

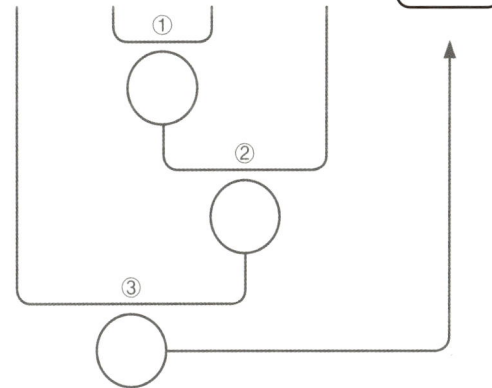

67 − 11 = (①   )
(①   ) × 12 = (②   )
91 + (②   ) = (③   )

🧒 다음 식을 따라 쓰며 계산해 봐.

1 148 + 81 − 17 × 12 = ☐

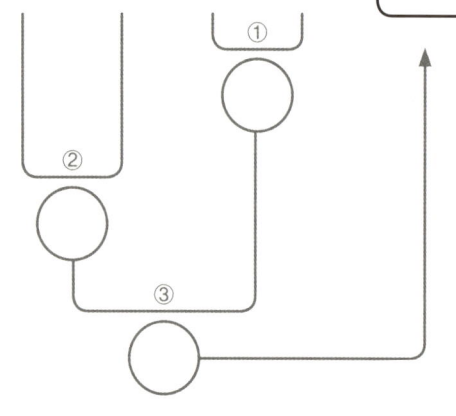

17 × 12 = (①   )
148 + 81 = (②   )
(②   ) − (①   ) = (③   )

2 148 + (81 − 17) × 12 = ☐

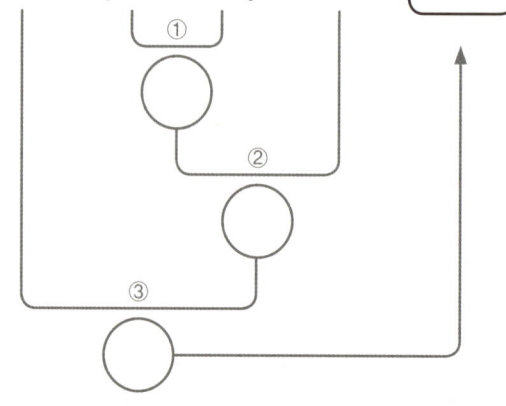

81 − 17 = (①   )
(①   ) × 12 = (②   )
148 + (②   ) = (③   )

3 175 + 73 − 18 × 13 = ☐

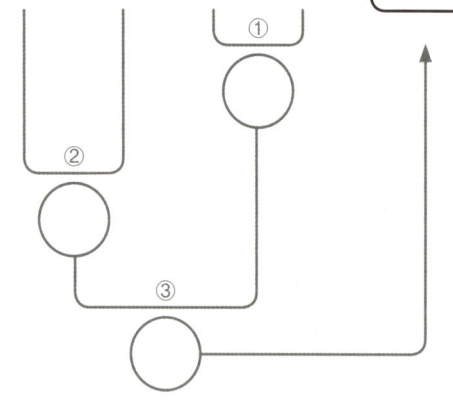

18 × 13 = (①   )
175 + 73 = (②   )
(②   ) − (①   ) = (③   )

4 175 + (73 − 18) × 13 = ☐

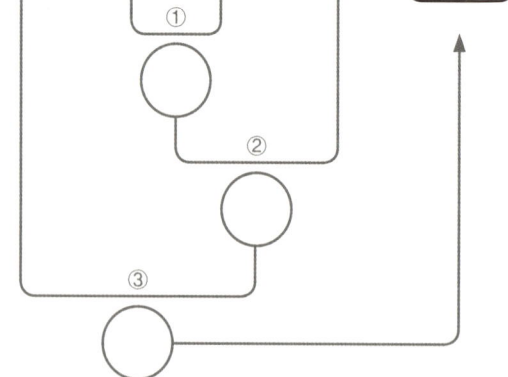

73 − 18 = (①   )
(①   ) × 13 = (②   )
175 + (②   ) = (③   )

다음 식을 따라 쓰며 계산해 봐.

1 96 + 72 − 15 × 11 = ☐

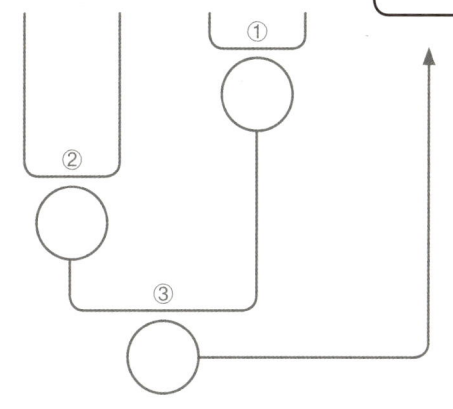

15 × 11 = (①   )
96 + 72 = (②   )
(②   ) − (①   ) = (③   )

2 96 + (72 − 15) × 11 = ☐

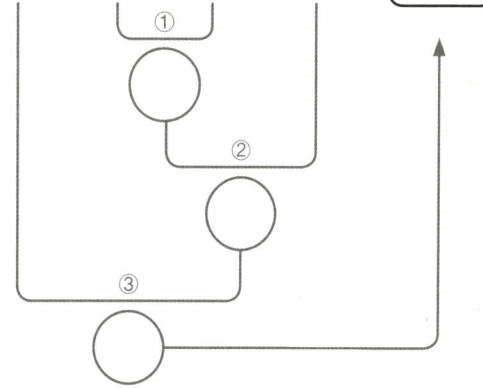

72 − 15 = (①   )
(①   ) × 11 = (②   )
96 + (②   ) = (③   )

3 224 + 163 − 22 × 14 = ☐

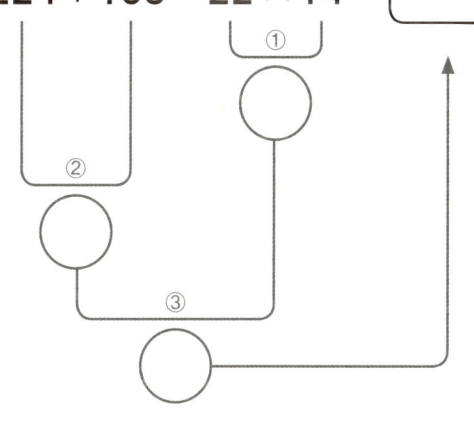

22 × 14 = (①   )
224 + 163 = (②   )
(②   ) − (①   ) = (③   )

4 224 + (163 − 22) × 14 = ☐

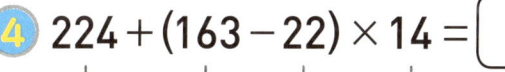
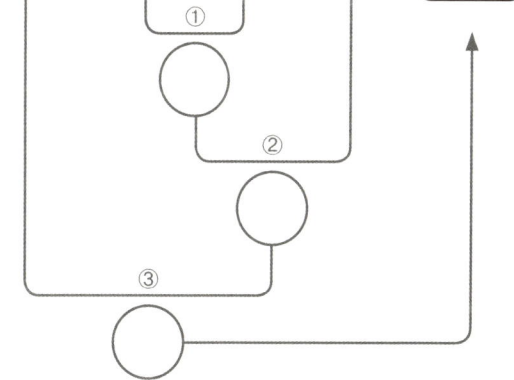

163 − 22 = (①   )
(①   ) × 14 = (②   )
224 + (②   ) = (③   )

 다음 식을 계산해 봐.

① 89 + 27 − 5 × 9 = ☐   ② 89 + (27 − 5) × 9 = ☐

③ 85 + 11 − 8 × 7 = ☐   ④ 85 + (11 − 8) × 7 = ☐

⑤ 53 + 10 − 4 × 8 = ☐   ⑥ 53 + (10 − 4) × 8 = ☐

⑦ 82 + 56 − 7 × 9 = ☐   ⑧ 82 + (56 − 7) × 9 = ☐

⑨ 74 + 81 − 6 × 9 = ☐   ⑩ 74 + (81 − 6) × 9 = ☐

⑪ 33 + 34 − 5 × 8 = ☐   ⑫ 33 + (34 − 5) × 8 = ☐

⑬ 61 + 87 − 8 × 8 = ☐   ⑭ 61 + (87 − 8) × 8 = ☐

🧑 다음 식을 계산해 봐.

① 118 + 115 − 21 × 9 = 44   ② 118 + (115 − 21) × 9 = 964

③ 105 + 101 − 23 × 8 = 22   ④ 105 + (101 − 23) × 8 = 729

⑤ 235 + 118 − 31 × 7 = 136   ⑥ 235 + (118 − 31) × 7 = 844

⑦ 124 + 223 − 42 × 6 = 95   ⑧ 124 + (223 − 42) × 6 = 1210

⑨ 114 + 314 − 52 × 5 = 168   ⑩ 114 + (314 − 52) × 5 = 1424

⑪ 209 + 127 − 61 × 4 = 92   ⑫ 209 + (127 − 61) × 4 = 473

⑬ 534 + 109 − 73 × 3 = 424   ⑭ 534 + (109 − 73) × 3 = 642

 다음 식을 계산해 봐.

① 27 + 89 − 11 × 10 = ☐

② 27 + (89 − 11) × 10 = ☐

③ 95 + 101 − 16 × 12 = ☐

④ 95 + (101 − 16) × 12 = ☐

⑤ 153 + 210 − 27 × 13 = ☐

⑥ 153 + (210 − 27) × 13 = ☐

⑦ 82 + 156 − 14 × 17 = ☐

⑧ 82 + (156 − 14) × 17 = ☐

⑨ 274 + 381 − 30 × 18 = ☐

⑩ 274 + (381 − 30) × 18 = ☐

⑪ 313 + 134 − 20 × 13 = ☐

⑫ 313 + (134 − 20) × 13 = ☐

⑬ 641 + 187 − 32 × 15 = ☐

⑭ 641 + (187 − 32) × 15 = ☐

🧑 다음 식을 계산해 봐.

① $274 + 281 - 31 \times 10 = \boxed{}$ ② $274 + (281 - 31) \times 10 = \boxed{}$

③ $337 + 134 - 14 \times 21 = \boxed{}$ ④ $337 + (134 - 14) \times 21 = \boxed{}$

⑤ $256 + 190 - 33 \times 11 = \boxed{}$ ⑥ $256 + (190 - 33) \times 11 = \boxed{}$

⑦ $408 + 142 - 24 \times 17 = \boxed{}$ ⑧ $408 + (142 - 24) \times 17 = \boxed{}$

⑨ $748 + 359 - 34 \times 26 = \boxed{}$ ⑩ $748 + (359 - 34) \times 26 = \boxed{}$

⑪ $238 + 203 - 19 \times 21 = \boxed{}$ ⑫ $238 + (203 - 19) \times 21 = \boxed{}$

⑬ $298 + 259 - 25 \times 15 = \boxed{}$ ⑭ $298 + (259 - 25) \times 15 = \boxed{}$

# 덧셈·뺄셈·나눗셈 괄호가 없는 **혼합 계산**

보기

$$10 + 9 - 6 \div 3 = 17$$

①
2
②
19
③
17

① 먼저 6에서 3을 나누면 2야.
6÷3=2

② 앞의 10과 9를 더하면 19야.
10+9=19

③ 19에서 2를 빼 주니 17이 되었어.
19-2=17

사칙연산, 이렇게 계산해!

덧셈과 뺄셈, 나눗셈이 섞여 있다면,
나눗셈 먼저 계산한 뒤에 앞에서부터 차례대로 계산해.
나눗셈이 뒤에 있더라도 나눗셈 먼저 계산해.

 # 덧셈·뺄셈·나눗셈 괄호가 있는 혼합 계산

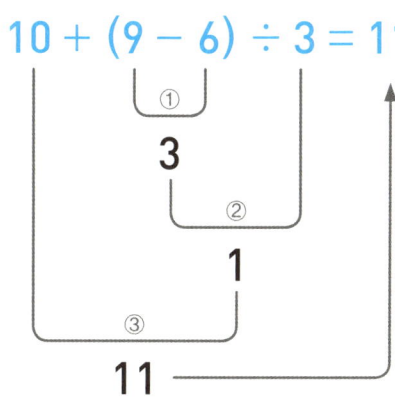

① 먼저 괄호가 있는 9에서 6을 빼면 3이야.
9-6=3

② 3에서 뒤의 3을 나누면 1이야.
3÷3=1

③ 10에 1을 더하니 11이 되었어.
10+1=11

사칙연산, 이렇게 계산해!

덧셈과 뺄셈, 나눗셈이 섞여 있다면
나눗셈이 뒤에 있더라도 나눗셈 먼저 계산하라고 했어.
하지만 **괄호가 있다면 괄호가 있는 식부터 먼저 계산해.**

다음 식을 따라 쓰며 계산해 봐.

1 10 + 18 − 9 ÷ 3 = ☐

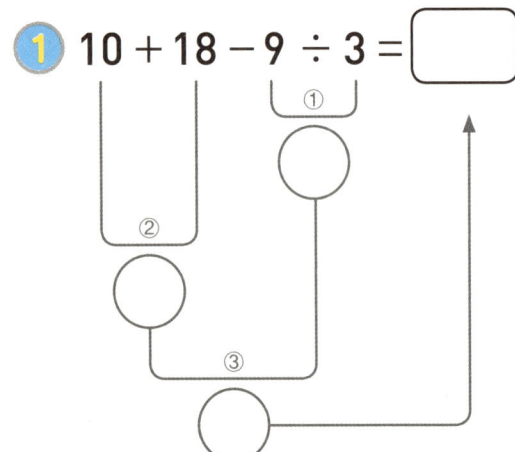

9 ÷ 3 = (①   )
10 + 18 = (②   )
(②   ) − (①   ) = (③   )

2 10 + (18 − 9) ÷ 3 = ☐

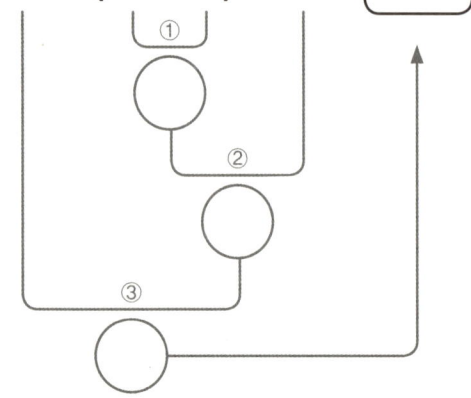

18 − 9 = (①   )
(①   ) ÷ 3 = (②   )
10 + (②   ) = (③   )

3 17 + 24 − 8 ÷ 4 = ☐

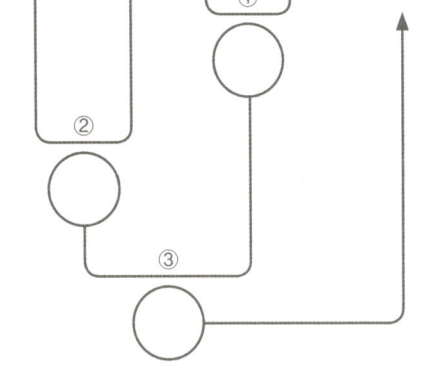

8 ÷ 4 = (①   )
17 + 24 = (②   )
(②   ) − (①   ) = (③   )

4 17 + (24 − 8) ÷ 4 = ☐

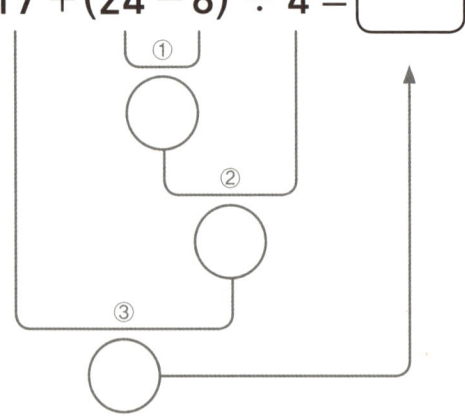

24 − 8 = (①   )
(①   ) ÷ 4 = (②   )
17 + (②   ) = (③   )

다음 식을 따라 쓰며 계산해 봐.

1 24 + 16 − 4 ÷ 2 = ☐

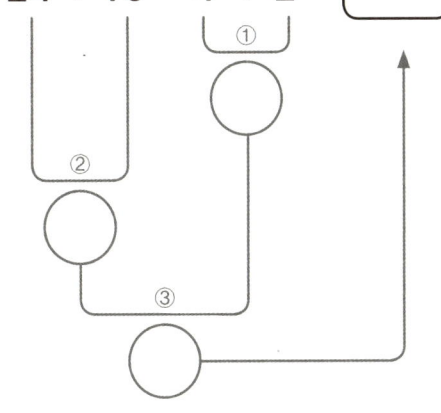

4 ÷ 2 = (①   )
24 + 16 = (②   )
(②   ) − (①   ) = (③   )

2 24 + (16 − 4) ÷ 2 = ☐

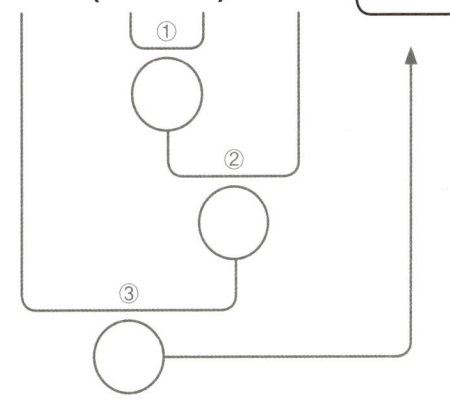

16 − 4 = (①   )
(①   ) ÷ 2 = (②   )
24 + (②   ) = (③   )

3 7 + 12 − 8 ÷ 2 = ☐

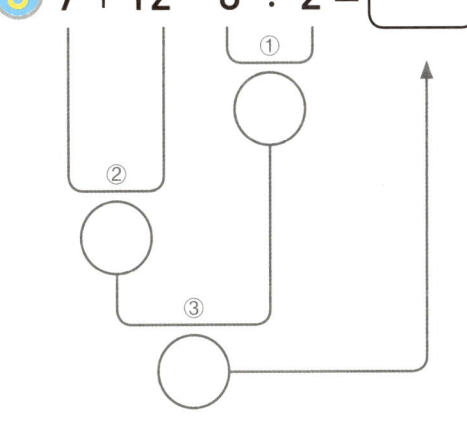

8 ÷ 2 = (①   )
7 + 12 = (②   )
(②   ) − (①   ) = (③   )

4 7 + (12 − 8) ÷ 2 = ☐

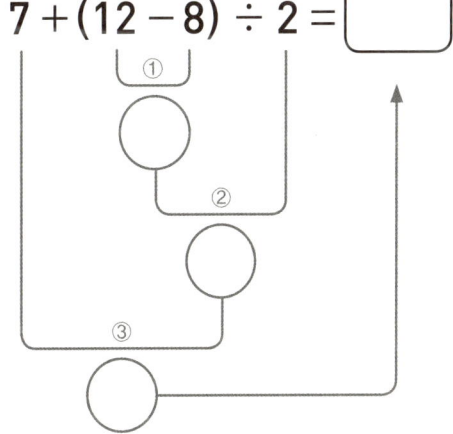

12 − 8 = (①   )
(①   ) ÷ 2 = (②   )
7 + (②   ) = (③   )

다음 식을 따라 쓰며 계산해 봐.

① 14 + 28 − 7 ÷ 7 = ☐

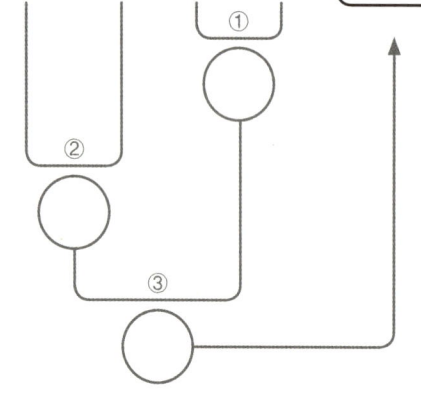

7 ÷ 7 = (①   )
14 + 28 = (②   )
(②   ) − (①   ) = (③   )

② 14 + (28 − 7) ÷ 7 = ☐

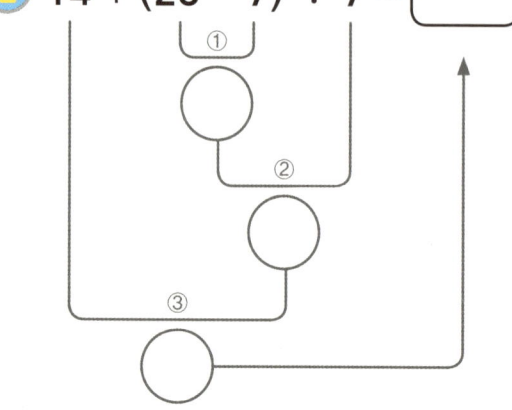

28 − 7 = (①   )
(①   ) ÷ 7 = (②   )
14 + (②   ) = (③   )

③ 11 + 21 − 6 ÷ 3 = ☐

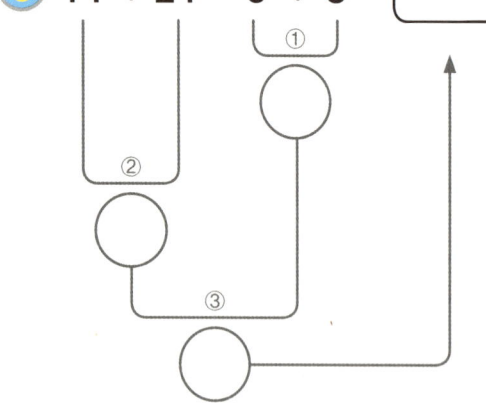

6 ÷ 3 = (①   )
11 + 21 = (②   )
(②   ) − (①   ) = (③   )

④ 11 + (21 − 6) ÷ 3 = ☐

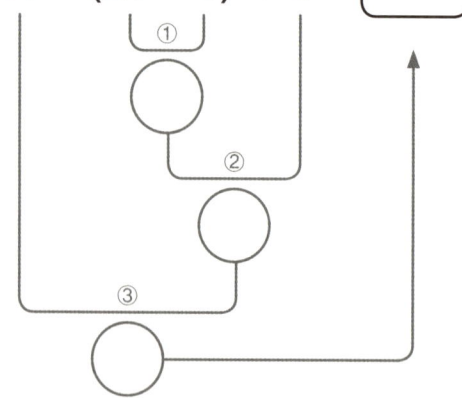

21 − 6 = (①   )
(①   ) ÷ 3 = (②   )
11 + (②   ) = (③   )

다음 식을 따라 쓰며 계산해 봐.

1 17 + 42 − 33 ÷ 3 = ☐

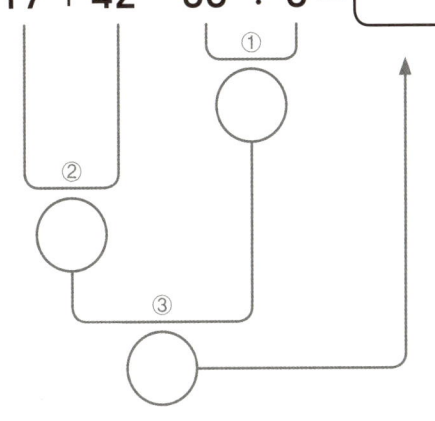

33 ÷ 3 = (①   )
17 + 42 = (②   )
(②   ) − (①   ) = (③   )

2 17 + (42 − 33) ÷ 3 = ☐

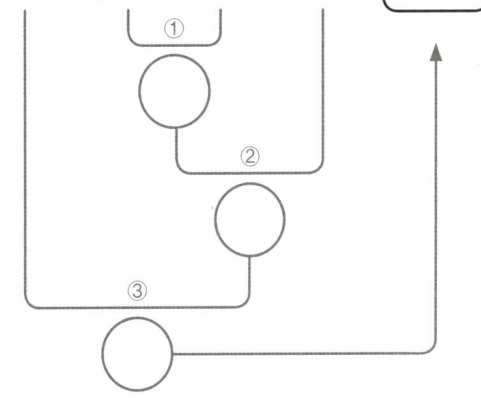

42 − 33 = (①   )
(①   ) ÷ 3 = (②   )
17 + (②   ) = (③   )

3 36 + 75 − 15 ÷ 5 = ☐

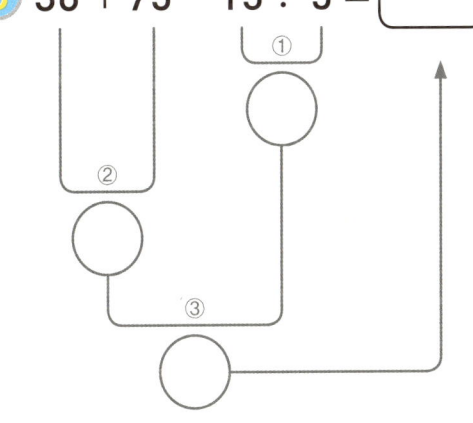

15 ÷ 5 = (①   )
36 + 75 = (②   )
(②   ) − (①   ) = (③   )

4 36 + (75 − 15) ÷ 5 = ☐

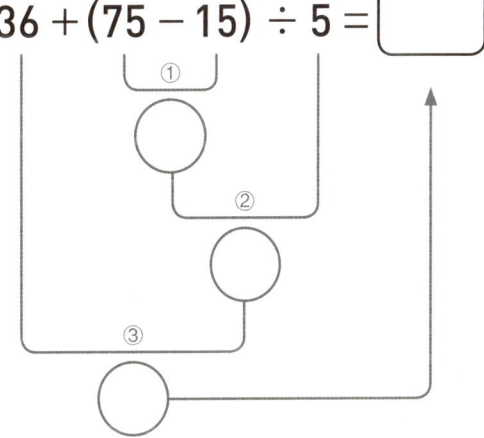

75 − 15 = (①   )
(①   ) ÷ 5 = (②   )
36 + (②   ) = (③   )

다음 식을 따라 쓰며 계산해 봐.

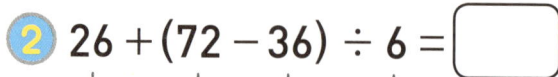

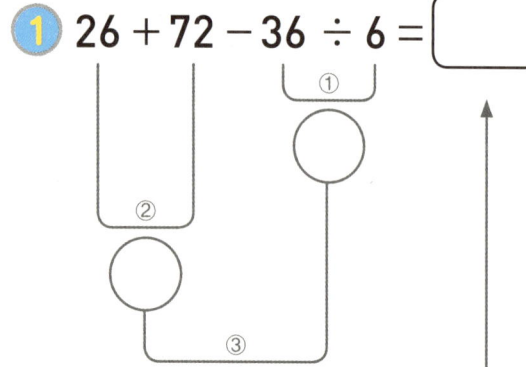

36 ÷ 6 = (①   )
26 + 72 = (②   )
(②   ) − (①   ) = (③   )

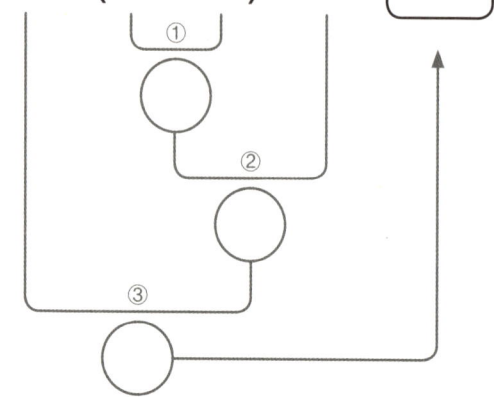

72 − 36 = (①   )
(①   ) ÷ 6 = (②   )
26 + (②   ) = (③   )

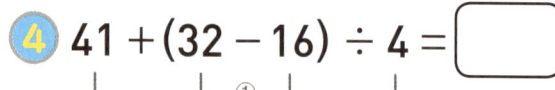

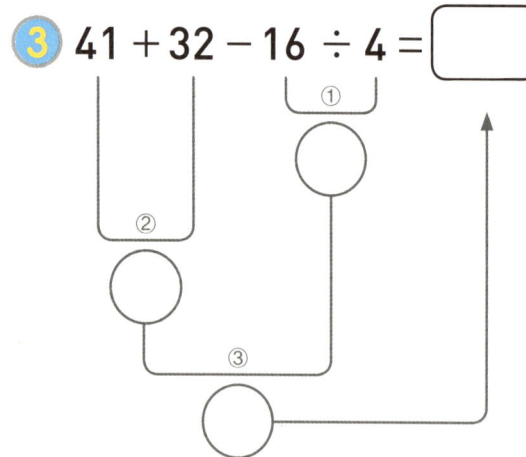

16 ÷ 4 = (①   )
41 + 32 = (②   )
(②   ) − (①   ) = (③   )

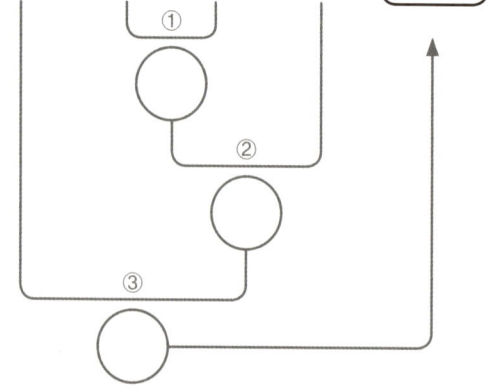

32 − 16 = (①   )
(①   ) ÷ 4 = (②   )
41 + (②   ) = (③   )

다음 식을 따라 쓰며 계산해 봐.

1 37 + 84 − 49 ÷ 7 = ☐

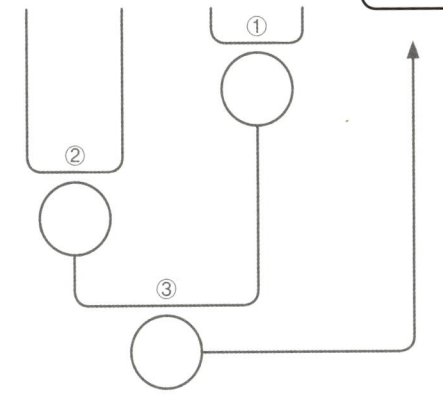

49 ÷ 7 = (①   )
37 + 84 = (②   )
(②   ) − (①   ) = (③   )

2 37 + (84 − 49) ÷ 7 = ☐

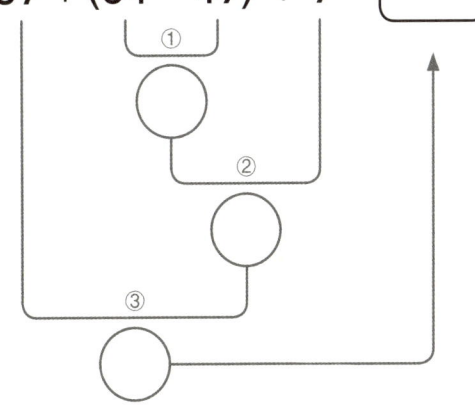

84 − 49 = (①   )
(①   ) ÷ 7 = (②   )
37 + (②   ) = (③   )

3 42 + 48 − 36 ÷ 4 = ☐

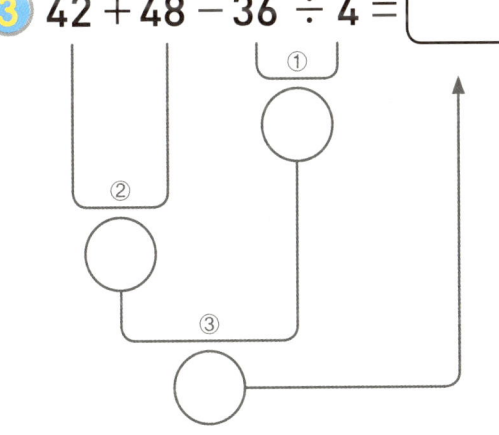

36 ÷ 4 = (①   )
42 + 48 = (②   )
(②   ) − (①   ) = (③   )

4 42 + (48 − 36) ÷ 4 = ☐

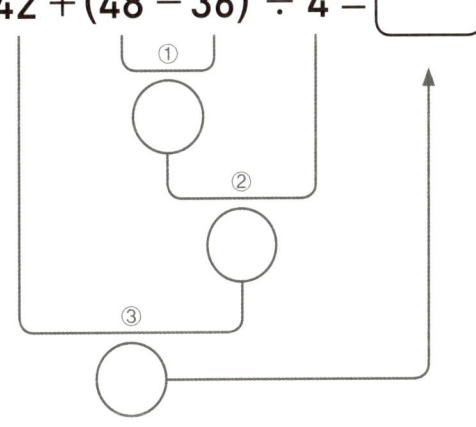

48 − 36 = (①   )
(①   ) ÷ 4 = (②   )
42 + (②   ) = (③   )

다음 식을 따라 쓰며 계산해 봐.

1 31 + 72 − 36 ÷ 12 = ☐

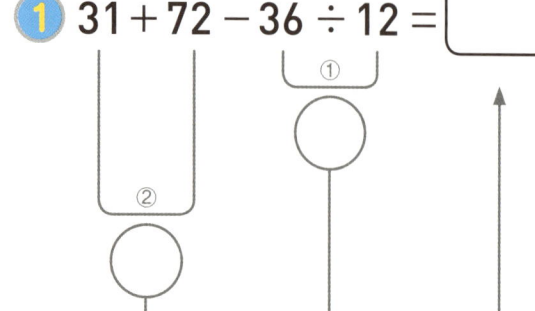

36 ÷ 12 = (①   )
31 + 72 = (②   )
(②   ) − (①   ) = (③   )

2 31 + (72 − 36) ÷ 12 = ☐

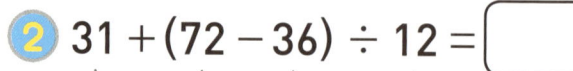
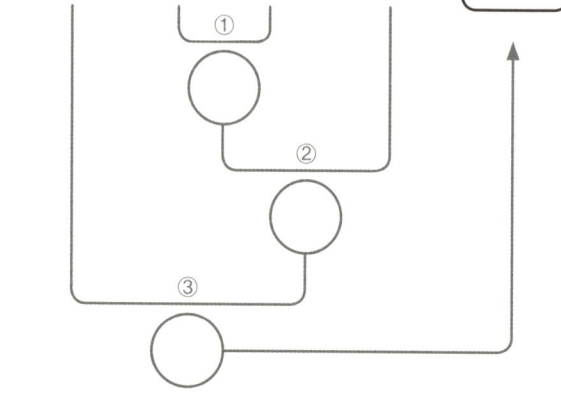

72 − 36 = (①   )
(①   ) ÷ 12 = (②   )
31 + (②   ) = (③   )

3 64 + 78 − 52 ÷ 13 = ☐

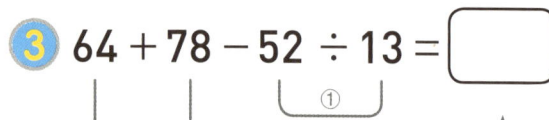
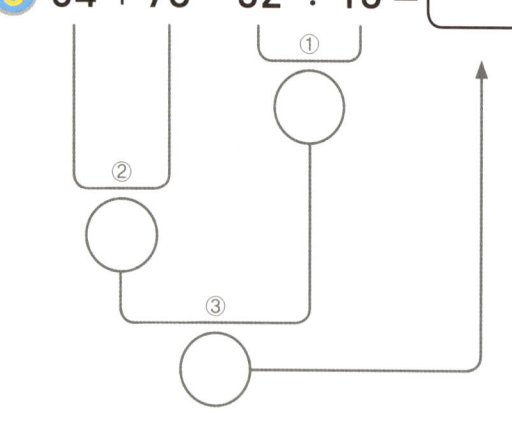

52 ÷ 13 = (①   )
64 + 78 = (②   )
(②   ) − (①   ) = (③   )

4 64 + (78 − 52) ÷ 13 = ☐

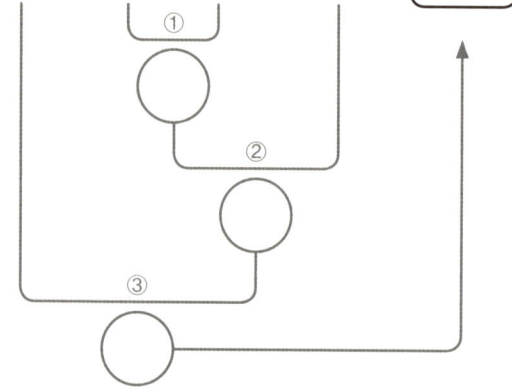

78 − 52 = (①   )
(①   ) ÷ 13 = (②   )
64 + (②   ) = (③   )

🧒 다음 식을 따라 쓰며 계산해 봐.

1 59 + 100 − 75 ÷ 25 = ☐

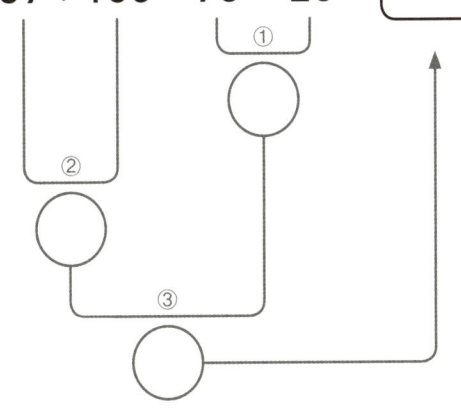

75 ÷ 25 = (①   )
59 + 100 = (②   )
(②   ) − (①   ) = (③   )

2 59 + (100 − 75) ÷ 25 = ☐

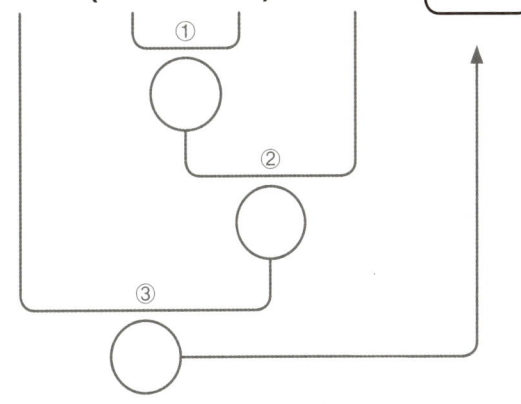

100 − 75 = (①   )
(①   ) ÷ 25 = (②   )
59 + (②   ) = (③   )

3 96 + 85 − 51 ÷ 17 = ☐

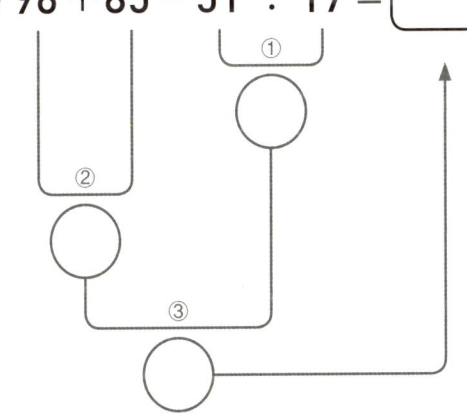

51 ÷ 17 = (①   )
96 + 85 = (②   )
(②   ) − (①   ) = (③   )

4 96 + (85 − 51) ÷ 17 = ☐

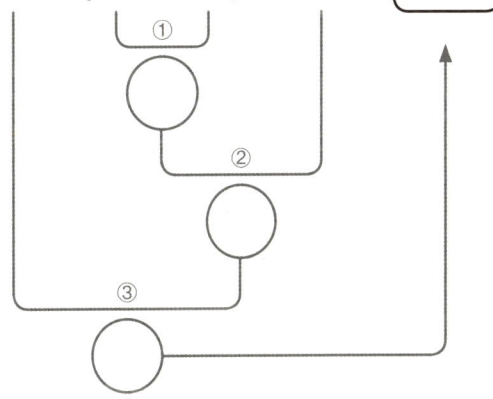

85 − 51 = (①   )
(①   ) ÷ 17 = (②   )
96 + (②   ) = (③   )

 다음 식을 계산해 봐.

① 15 + 45 − 9 ÷ 9 = ☐

② 15 + (45 − 9) ÷ 9 = ☐

③ 45 + 27 − 9 ÷ 3 = ☐

④ 45 + (27 − 9) ÷ 3 = ☐

⑤ 73 + 24 − 8 ÷ 4 = ☐

⑥ 73 + (24 − 8) ÷ 4 = ☐

⑦ 65 + 28 − 8 ÷ 2 = ☐

⑧ 65 + (28 − 8) ÷ 2 = ☐

⑨ 33 + 28 − 7 ÷ 7 = ☐

⑩ 33 + (28 − 7) ÷ 7 = ☐

⑪ 42 + 18 − 6 ÷ 3 = ☐

⑫ 42 + (18 − 6) ÷ 3 = ☐

⑬ 26 + 61 − 5 ÷ 1 = ☐

⑭ 26 + (61 − 5) ÷ 1 = ☐

다음 식을 계산해 봐.

① $105 + 108 - 81 \div 9 = \boxed{}$ ② $105 + (108 - 81) \div 9 = \boxed{}$

③ $121 + 96 - 72 \div 8 = \boxed{}$ ④ $121 + (96 - 72) \div 8 = \boxed{}$

⑤ $324 + 196 - 56 \div 7 = \boxed{}$ ⑥ $324 + (196 - 56) \div 7 = \boxed{}$

⑦ $115 + 102 - 42 \div 6 = \boxed{}$ ⑧ $115 + (102 - 42) \div 6 = \boxed{}$

⑨ $142 + 245 - 40 \div 5 = \boxed{}$ ⑩ $142 + (245 - 40) \div 5 = \boxed{}$

⑪ $213 + 117 - 64 \div 4 = \boxed{}$ ⑫ $213 + (117 - 69) \div 4 = \boxed{}$

⑬ $234 + 99 - 66 \div 3 = \boxed{}$ ⑭ $234 + (99 - 66) \div 3 = \boxed{}$

다음 식을 계산해 봐.

1. $25 + 110 - 33 \div 11 =$ ☐
2. $25 + (110 - 33) \div 11 =$ ☐

3. $65 + 140 - 70 \div 10 =$ ☐
4. $65 + (140 - 70) \div 10 =$ ☐

5. $95 + 117 - 65 \div 13 =$ ☐
6. $95 + (117 - 65) \div 13 =$ ☐

7. $101 + 84 - 63 \div 21 =$ ☐
8. $101 + (84 - 63) \div 21 =$ ☐

9. $174 + 114 - 76 \div 19 =$ ☐
10. $174 + (114 - 76) \div 19 =$ ☐

11. $119 + 124 - 93 \div 31 =$ ☐
12. $119 + (124 - 93) \div 31 =$ ☐

13. $151 + 119 - 85 \div 17 =$ ☐
14. $151 + (119 - 85) \div 17 =$ ☐

다음 식을 계산해 봐.

① 344 + 200 − 120 ÷ 40 = ☐   ② 344 + (200 − 120) ÷ 40 = ☐

③ 256 + 175 − 140 ÷ 35 = ☐   ④ 256 + (175 − 140) ÷ 35 = ☐

⑤ 136 + 208 − 104 ÷ 26 = ☐   ⑥ 136 + (208 − 104) ÷ 26 = ☐

⑦ 187 + 258 − 172 ÷ 43 = ☐   ⑧ 187 + (258 − 172) ÷ 43 = ☐

⑨ 115 + 162 − 108 ÷ 18 = ☐   ⑩ 115 + (162 − 108) ÷ 18 = ☐

⑪ 248 + 217 − 155 ÷ 31 = ☐   ⑫ 248 + (217 − 155) ÷ 31 = ☐

⑬ 314 + 222 − 148 ÷ 37 = ☐   ⑭ 314 + (222 − 148) ÷ 37 = ☐

사칙연산 실전 다지기

혼합 계산 ❷

사칙연산의 기본 혼합 계산 어땠어?
차근차근 설명 따라 해 보니까 쉽지?
그럼 이제 **진짜 사칙연산**을 해 볼 거야.
덧셈, 뺄셈, 곱셈, 나눗셈이 모두 있는 혼합 계산 말이지.
이번에도 내가 알려 주는 대로 잘 따라오면
'훗, 사칙연산? 별거 아니네!' 하며
자신감이 넘칠 거야.
복잡하지 않게, 쉽게, 차근차근 알려 줄게.
자, 시작해 볼까?

덧셈·뺄셈·곱셈·나눗셈 괄호가 없는 혼합 계산

보기

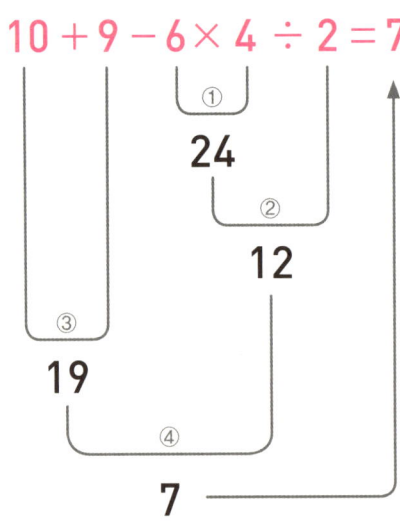

$10 + 9 - 6 \times 4 \div 2 = 7$

① 먼저 6과 4를 곱하면 24야.
$6 \times 4 = 24$

② 24에서 2를 나누면 12야.
$24 \div 2 = 12$

③ 앞의 10과 9를 더하면 19야.
$10 + 9 = 19$

④ 19에서 12를 빼니 7이 되었어.
$19 - 12 = 7$

사칙연산, 이렇게 계산해!

덧셈과 뺄셈, 곱셈과 나눗셈이 모두 섞여 있다면,
곱셈과 나눗셈을 먼저 계산한 뒤 앞에서부터 차례대로 계산해.
이때, **곱셈과 나눗셈은 앞에 나온 것부터 차례대로 계산하고,
덧셈과 뺄셈도 앞에 나온 것부터 차례대로 계산해.**

 # 덧셈·뺄셈·곱셈·나눗셈 괄호가 있는 **혼합 계산**

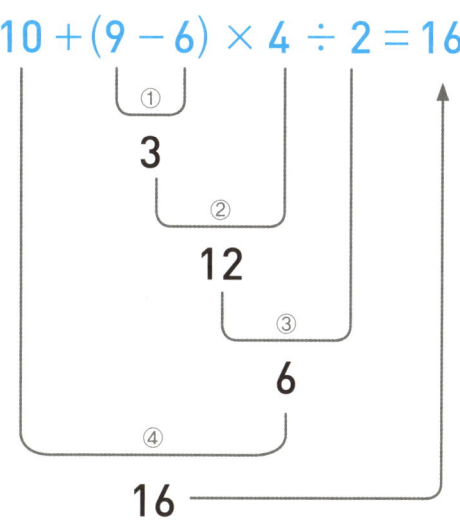

① 먼저 괄호가 있는 9에서 6을 빼면 3이야.
9 − 6 = 3

② 3과 4를 곱하면 12야.
3 × 4 = 12

③ 12에서 2를 나누면 6이야.
12 ÷ 2 = 6

④ 앞의 10에 6을 더하니 16이 되었어.
10 + 6 = 16

사칙연산, 이렇게 계산해!

덧셈과 뺄셈, 곱셈과 나눗셈이 모두 섞여 있다면,
곱셈과 나눗셈을 먼저 계산한 뒤 앞에서부터 차례대로 계산하라고 했어.
하지만 **괄호가 있다면 괄호가 있는 식부터 먼저 계산해.**

＋－×÷

다음 식을 따라 쓰며 계산해 봐.

1 5 ＋ 9 － 7 × 6 ÷ 3 = ☐

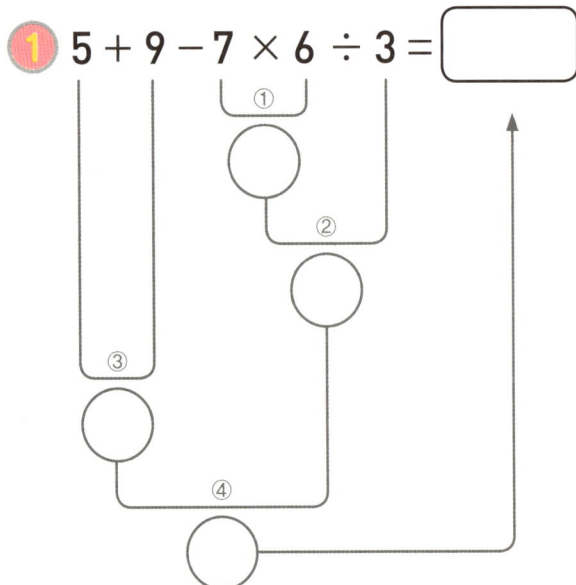

7 × 6 = (①   )
(①   ) ÷ 3 = (②   )
5 ＋ 9 = (③   )
(③   ) － (②   ) = (④   )

2 5 ＋ (9 － 7) × 6 ÷ 3 = ☐

9 － 7 = (①   )
(①   ) × 6 = (②   )
(②   ) ÷ 3 = (③   )
5 ＋ (③   ) = (④   )

다음 식을 따라 쓰며 계산해 봐.

1 $8 + 9 - 5 \times 4 \div 2 = \boxed{}$

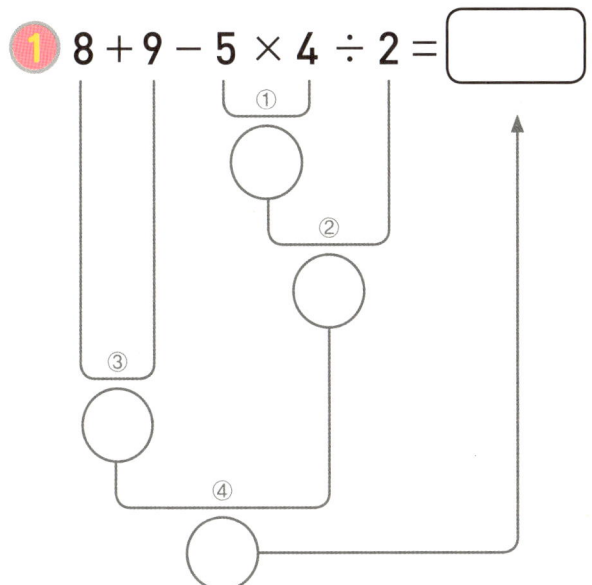

$5 \times 4 = (①)$
$(①) \div 2 = (②)$
$8 + 9 = (③)$
$(③) - (②) = (④)$

2 $8 + (9 - 5) \times 4 \div 2 = \boxed{}$

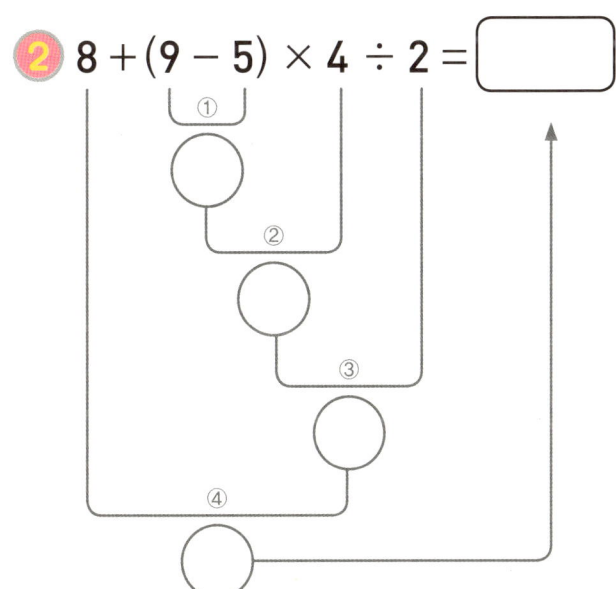

$9 - 5 = (①)$
$(①) \times 4 = (②)$
$(②) \div 2 = (③)$
$8 + (③) = (④)$

다음 식을 따라 쓰며 계산해 봐.

1 10 + 18 − 9 × 4 ÷ 3 = ☐

9 × 4 = (①   )
(①   ) ÷ 3 = (②   )
10 + 18 = (③   )
(③   ) − (②   ) = (④   )

2 10 + (18 − 9) × 4 ÷ 3 = ☐

18 − 9 = (①   )
(①   ) × 4 = (②   )
(②   ) ÷ 3 = (③   )
10 + (③   ) = (④   )

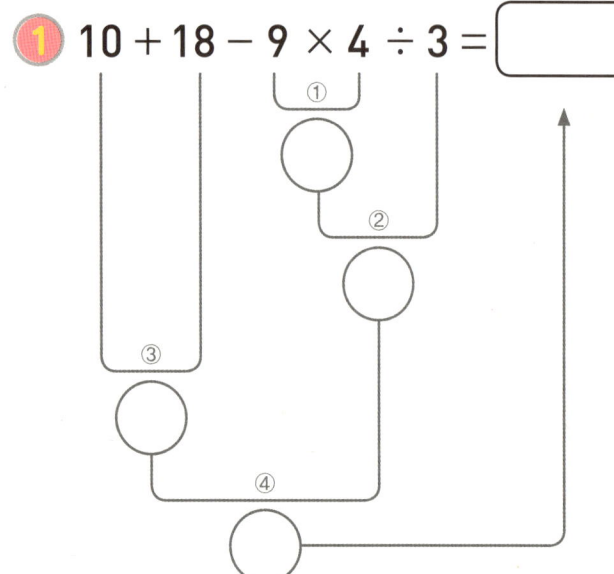

다음 식을 따라 쓰며 계산해 봐.

1 15 + 18 − 5 × 8 ÷ 4 = ☐

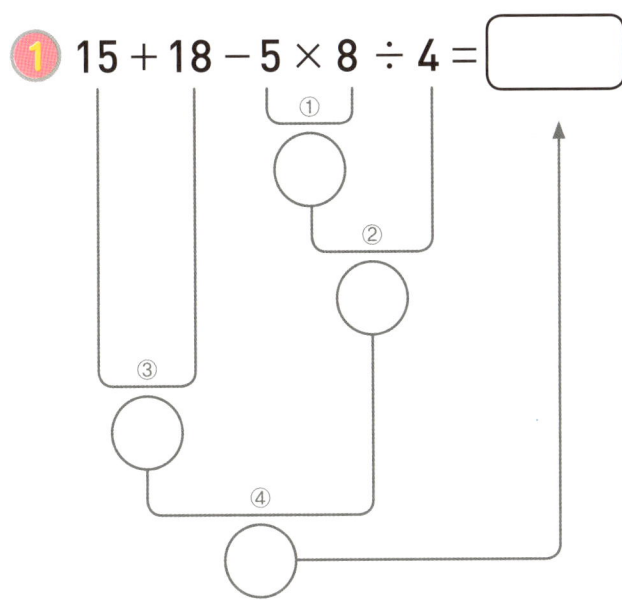

5 × 8 = (①   )
(①   ) ÷ 4 = (②   )
15 + 18 = (③   )
(③   ) − (②   ) = (④   )

2 15 + (18 − 5) × 8 ÷ 4 = ☐

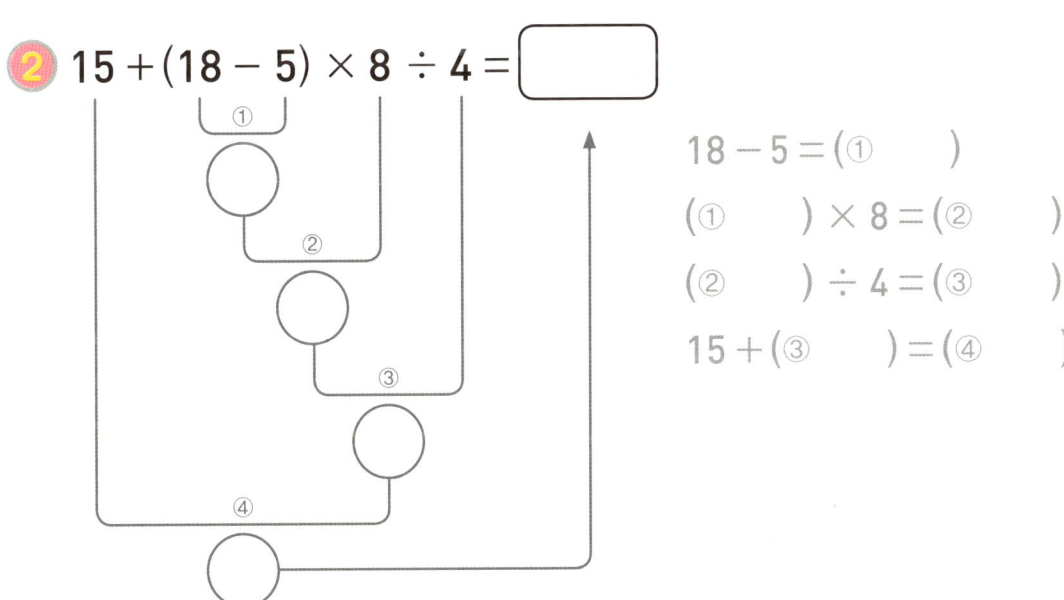

18 − 5 = (①   )
(①   ) × 8 = (②   )
(②   ) ÷ 4 = (③   )
15 + (③   ) = (④   )

➕ ➖ ✖️ ➗

다음 식을 따라 쓰며 계산해 봐.

1 $48 + 36 - 24 \times 13 \div 12 = \boxed{}$

$24 \times 13 = (①)$

$(①) \div 12 = (②)$

$48 + 36 = (③)$

$(③) - (②) = (④)$

2 $48 + (36 - 24) \times 13 \div 12 = \boxed{}$

$36 - 24 = (①)$

$(①) \times 13 = (②)$

$(②) \div 12 = (③)$

$48 + (③) = (④)$

다음 식을 따라 쓰며 계산해 봐.

1) 57 + 68 − 51 × 11 ÷ 17 = ☐

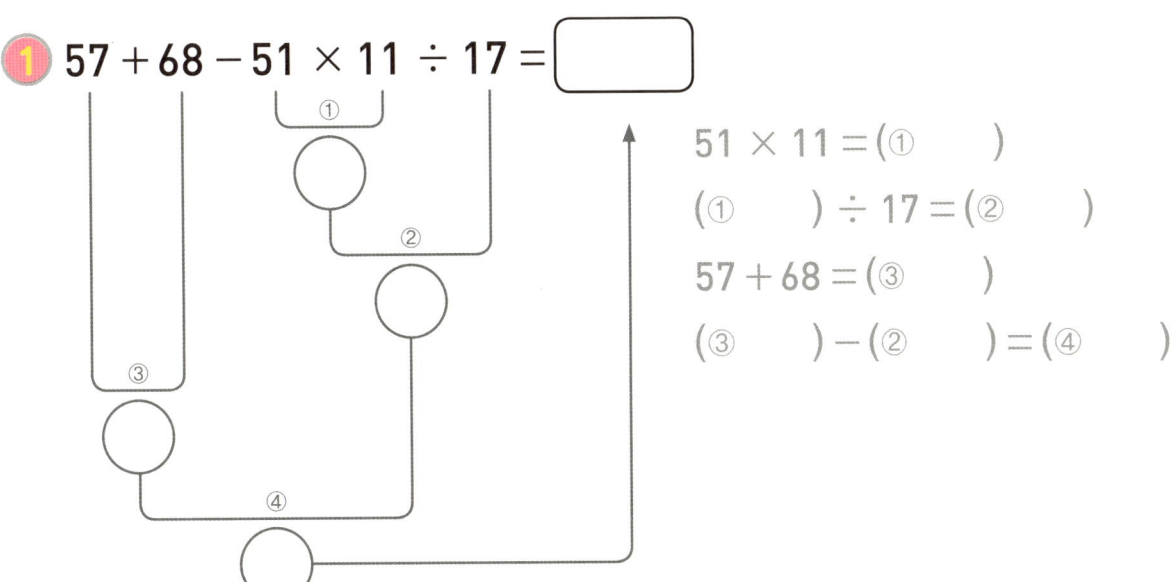

51 × 11 = (①   )
(①   ) ÷ 17 = (②   )
57 + 68 = (③   )
(③   ) − (②   ) = (④   )

2) 57 + (68 − 51) × 11 ÷ 17 = ☐

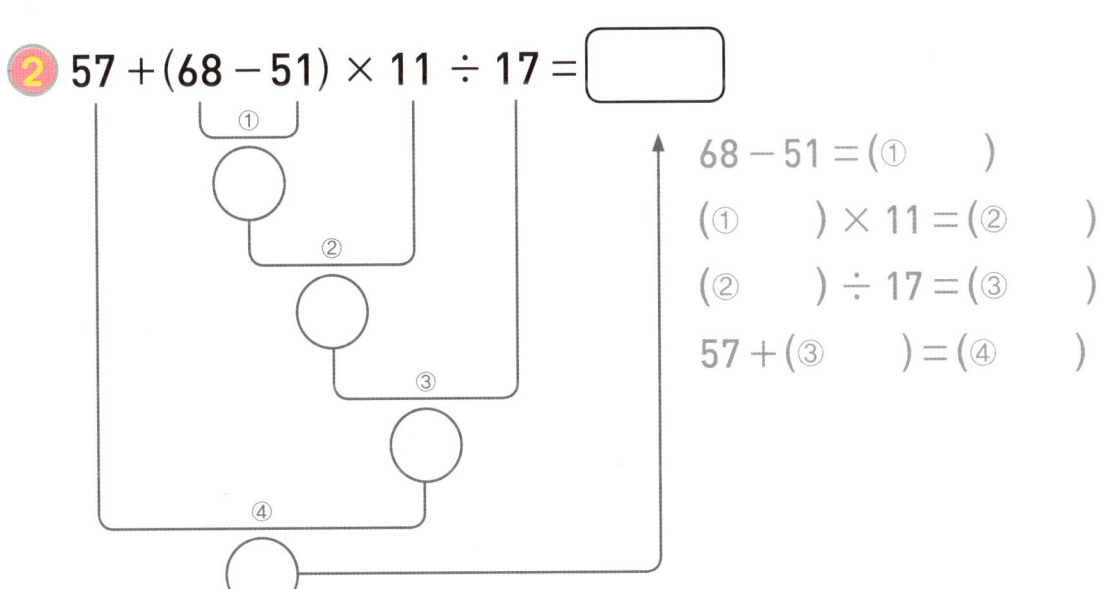

68 − 51 = (①   )
(①   ) × 11 = (②   )
(②   ) ÷ 17 = (③   )
57 + (③   ) = (④   )

다음 식을 따라 쓰며 계산해 봐.

1 31 + 80 − 48 × 10 ÷ 16 = ☐

48 × 10 = (①   )
(①   ) ÷ 16 = (②   )
31 + 80 = (③   )
(③   ) − (②   ) = (④   )

2 31 + (80 − 48) × 10 ÷ 16 = ☐

80 − 48 = (①   )
(①   ) × 10 = (②   )
(②   ) ÷ 16 = (③   )
31 + (③   ) = (④   )

다음 식을 따라 쓰며 계산해 봐.

1) 43 + 105 − 63 × 14 ÷ 21 = ☐

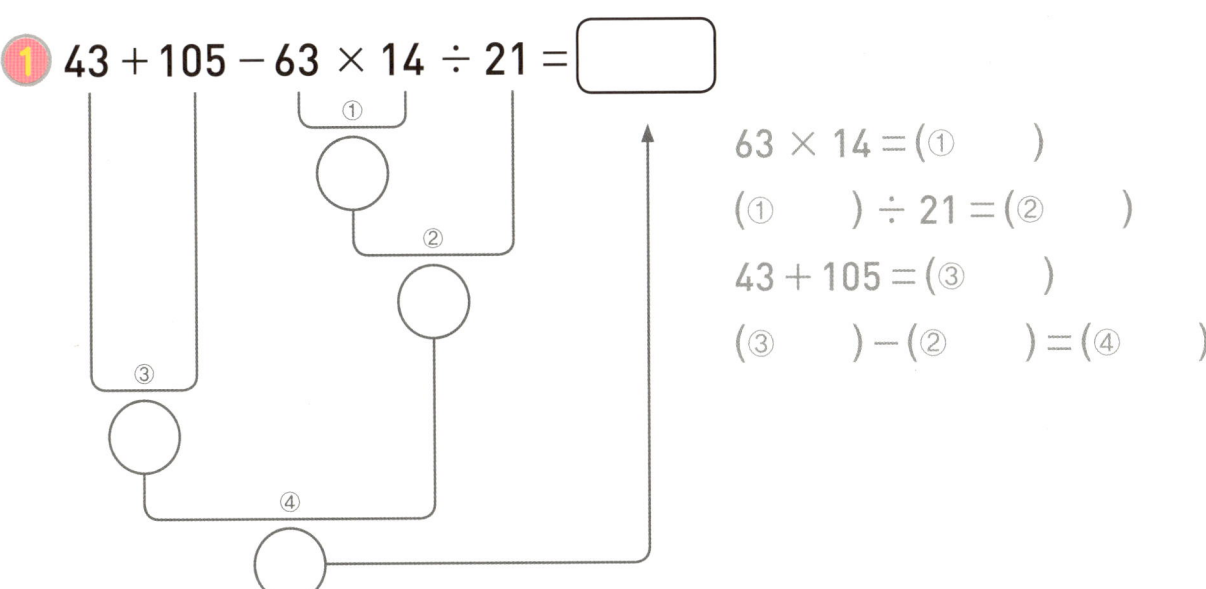

63 × 14 = (①)
(①) ÷ 21 = (②)
43 + 105 = (③)
(③) − (②) = (④)

2) 43 + (105 − 63) × 14 ÷ 21 = ☐

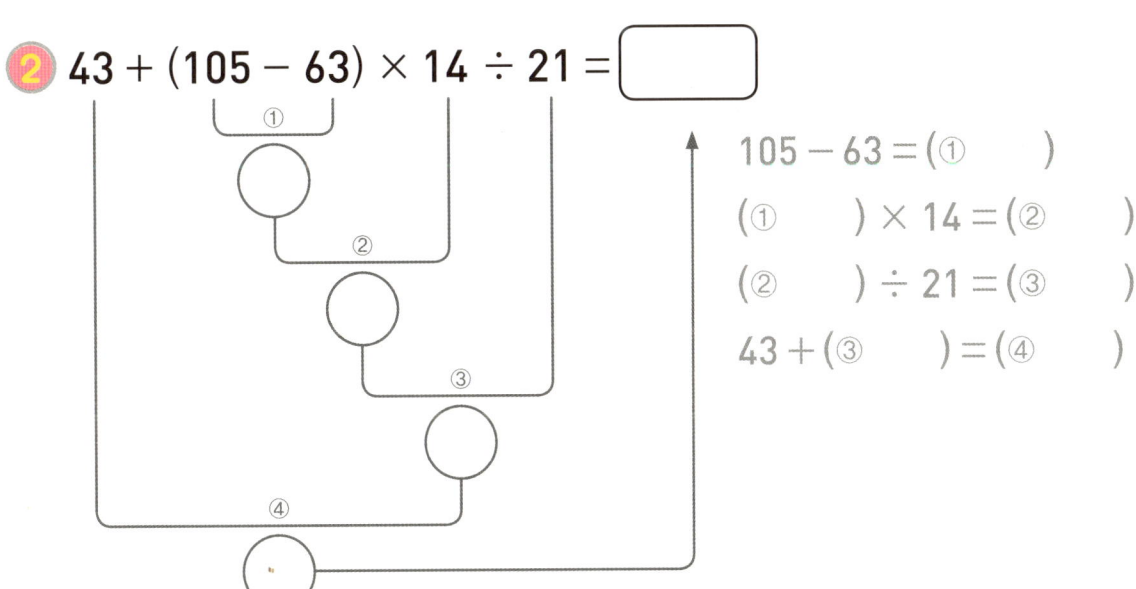

105 − 63 = (①)
(①) × 14 = (②)
(②) ÷ 21 = (③)
43 + (③) = (④)

다음 식을 계산해 봐.

1. $25 + 52 - 26 \times 11 \div 13 = \boxed{}$

2. $25 + (52 - 26) \times 11 \div 13 = \boxed{}$

3. $39 + 42 - 24 \times 10 \div 12 = \boxed{}$

4. $39 + (42 - 24) \times 10 \div 12 = \boxed{}$

5. $57 + 98 - 70 \times 21 \div 14 = \boxed{}$

6. $57 + (98 - 70) \times 21 \div 14 = \boxed{}$

7. $63 + 75 - 30 \times 13 \div 15 = \boxed{}$

8. $63 + (75 - 30) \times 13 \div 15 = \boxed{}$

9. $27 + 88 - 66 \times 10 \div 11 = \boxed{}$

10. $27 + (88 - 66) \times 10 \div 11 = \boxed{}$

다음 식을 계산해 봐.

① 51 + 85 − 68 × 14 ÷ 17 = □

② 51 + (85 − 68) × 14 ÷ 17 = □

③ 63 + 99 − 55 × 19 ÷ 11 = □

④ 63 + (99 − 55) × 19 ÷ 11 = □

⑤ 28 + 84 − 60 × 11 ÷ 12 = □

⑥ 28 + (84 − 60) × 11 ÷ 12 = □

⑦ 41 + 92 − 46 × 13 ÷ 23 = □

⑧ 41 + (92 − 46) × 13 ÷ 23 = □

⑨ 38 + 93 − 62 × 10 ÷ 31 = □

⑩ 38 + (93 − 62) × 10 ÷ 31 = □

다음 식을 계산해 봐.

① $53 + 90 - 54 \times 21 \div 18 = \square$

② $53 + (90 - 54) \times 21 \div 18 = \square$

③ $19 + 70 - 42 \times 19 \div 14 = \square$

④ $19 + (70 - 42) \times 19 \div 14 = \square$

⑤ $23 + 72 - 24 \times 20 \div 24 = \square$

⑥ $23 + (72 - 24) \times 20 \div 24 = \square$

⑦ $27 + 95 - 57 \times 34 \div 19 = \square$

⑧ $27 + (95 - 57) \times 34 \div 19 = \square$

⑨ $18 + 81 - 54 \times 17 \div 27 = \square$

⑩ $18 + (81 - 54) \times 17 \div 27 = \square$

정답

사칙연산 실전 다지기 - 혼합 계산 ①

덧셈·뺄셈 혼합 계산

41p ❶ ① 10 ② 8 ❷ ① 4 ② 8 ❸ ① 16 ② 13 ❹ ① 4 ② 13

42p ❶ ① 23 ② 20 ❷ ① 14 ② 20 ❸ ① 31 ② 23 ❹ ① 17 ② 23

43p ❶ ① 22 ② 11 ❷ ① 6 ② 11 ❸ ① 23 ② 13 ❹ ① 5 ② 13

44p ❶ ① 30 ② 28 ❷ ① 7 ② 28 ❸ ① 25 ② 19 ❹ ① 2 ② 19

45p ❶ ① 55 ② 44 ❷ ① 11 ② 44 ❸ ① 41 ② 30 ❹ ① 7 ② 30

46p ❶ 8 ❷ 4 ❸ 14 ❹ 9 ❺ 10 ❻ 9 ❼ 6 ❽ 5 ❾ 4 ❿ 4 ⓫ 3 ⓬ 12 ⓭ 14 ⓮ 11

47p ❶ 10 ❷ 18 ❸ 30 ❹ 5 ❺ 17 ❻ 17 ❼ 23 ❽ 37 ❾ 19 ❿ 31 ⓫ 11 ⓬ 23 ⓭ 21 ⓮ 14

48p ❶ 18 ❷ 4 ❸ 39 ❹ 17 ❺ 16 ❻ 23 ❼ 20 ❽ 7 ❾ 34 ❿ 9 ⓫ 11 ⓬ 9 ⓭ 17 ⓮ 24

49p ❶ 22 ❷ 16 ❸ 26 ❹ 12 ❺ 22 ❻ 21 ❼ 19 ❽ 27 ❾ 19 ❿ 21 ⓫ 31 ⓬ 48 ⓭ 51 ⓮ 34

50p ❶ 23 ❷ 42 ❸ 35 ❹ 27 ❺ 52 ❻ 44 ❼ 27 ❽ 39 ❾ 40 ❿ 35 ⓫ 61 ⓬ 91 ⓭ 61 ⓮ 46

51p ❶ 82 ❷ 37 ❸ 85 ❹ 60 ❺ 40 ❻ 11 ❼ 91 ❽ 80 ❾ 54 ❿ 52 ⓫ 89 ⓬ 80 ⓭ 51 ⓮ 95

덧셈·곱셈 괄호가 없는 혼합 계산 & 괄호가 있는 혼합 계산

54p ❶ ① 24 ② 30 ❷ ① 14 ② 42 ❸ ① 63 ② 68 ❹ ① 14 ② 98

55p ❶ ① 35 ② 38 ❷ ① 10 ② 50 ❸ ① 12 ② 16 ❹ ① 10 ② 20

56p ❶ ① 64 ② 71 ❷ ① 15 ② 120 ❸ ① 63 ② 65 ❹ ① 9 ② 81

57p ❶ ① 32 ② 39 ❷ ① 11 ② 88 ❸ ① 35 ② 41 ❹ ① 13 ② 65

58p ❶ ① 20 ② 26 ❷ ① 11 ② 44 ❸ ① 27 ② 34 ❹ ① 10 ② 90

59p ❶ ① 72 ② 79 ❷ ① 31 ② 93 ❸ ① 80 ② 86 ❹ ① 22 ② 110

60p ❶ ① 21 ② 32 ❷ ① 14 ② 98 ❸ ① 30 ② 38 ❹ ① 18 ② 54

61p ❶ ① 120 ② 125 ❷ ① 25 ② 150 ❸ ① 45 ② 57 ❹ ① 21 ② 105

62p ❶ ① 143 ② 151 ❷ ① 19 ② 247 ❸ ① 150 ② 154 ❹ ① 19 ② 190

63p ❶ ① 105 ② 118 ❷ ① 18 ② 378 ❸ ① 285 ② 291 ❹ ① 25 ② 375

64p ❶ ① 150 ② 157 ❷ ① 17 ② 255 ❸ ① 80 ② 110 ❹ ① 34 ② 680

65p ❶ ① 40 ② 55 ❷ ① 20 ② 160 ❸ ① 12 ② 22 ❹ ① 16 ② 32

66p ❶ ① 120 ② 124 ❷ ① 34 ② 136 ❸ ① 54 ② 67 ❹ ① 22 ② 132

67p ❶ ① 12 ② 29 ❷ ① 19 ② 114 ❸ ① 90 ② 93 ❹ ① 13 ② 117

164

68p	❶ ① 80 ② 101 ❷ ① 31 ② 248 ❸ ① 66 ② 106 ❹ ① 51 ② 306
69p	❶ ① 92 ② 107 ❷ ① 38 ② 152 ❸ ① 80 ② 93 ❹ ① 33 ② 132
70p	❶ ① 78 ② 132 ❷ ① 67 ② 402 ❸ ① 296 ② 326 ❹ ① 67 ② 536
71p	❶ ① 234 ② 259 ❷ ① 43 ② 559 ❸ ① 252 ② 286 ❹ ① 46 ② 966
72p	❶ ① 300 ② 314 ❷ ① 44 ② 440 ❸ ① 220 ② 247 ❹ ① 47 ② 517
73p	❶ ① 322 ② 341 ❷ ① 42 ② 588 ❸ ① 840 ② 874 ❹ ① 76 ② 1,520
74p	❶ 49 ❷ 91 ❸ 17 ❹ 26 ❺ 17 ❻ 21 ❼ 40 ❽ 60 ❾ 18 ❿ 36 ⓫ 59 ⓬ 77 ⓭ 38 ⓮ 78
75p	❶ 68 ❷ 108 ❸ 49 ❹ 85 ❺ 17 ❻ 33 ❼ 38 ❽ 80 ❾ 25 ❿ 60 ⓫ 60 ⓬ 84 ⓭ 84 ⓮ 108
76p	❶ 63 ❷ 75 ❸ 77 ❹ 93 ❺ 76 ❻ 96 ❼ 89 ❽ 104 ❾ 121 ❿ 133 ⓫ 73 ⓬ 105 ⓭ 56 ⓮ 62
77p	❶ 123 ❷ 168 ❸ 90 ❹ 104 ❺ 54 ❻ 60 ❼ 208 ❽ 228 ❾ 79 ❿ 133 ⓫ 178 ⓬ 234 ⓭ 38 ⓮ 44
78p	❶ 271 ❷ 348 ❸ 454 ❹ 510 ❺ 356 ❻ 410 ❼ 291 ❽ 323 ❾ 404 ❿ 560 ⓫ 830 ⓬ 990 ⓭ 229 ⓮ 400
79p	❶ 448 ❷ 616 ❸ 154 ❹ 190 ❺ 427 ❻ 525 ❼ 603 ❽ 660 ❾ 488 ❿ 598 ⓫ 229 ⓬ 319 ⓭ 278 ⓮ 374
80p	❶ 75 ❷ 315 ❸ 68 ❹ 198 ❺ 57 ❻ 297 ❼ 55 ❽ 115 ❾ 27 ❿ 104 ⓫ 72 ⓬ 216 ⓭ 67 ⓮ 177
81p	❶ 49 ❷ 111 ❸ 77 ❹ 225 ❺ 64 ❻ 238 ❼ 53 ❽ 117 ❾ 62 ❿ 130 ⓫ 54 ⓬ 208 ⓭ 80 ⓮ 280
82p	❶ 174 ❷ 846 ❸ 191 ❹ 475 ❺ 175 ❻ 448 ❼ 138 ❽ 324 ❾ 165 ❿ 483 ⓫ 150 ⓬ 222 ⓭ 237 ⓮ 372
83p	❶ 69 ❷ 94 ❸ 247 ❹ 385 ❺ 73 ❻ 123 ❼ 138 ❽ 270 ❾ 437 ❿ 640 ⓫ 122 ⓬ 284 ⓭ 189 ⓮ 354
84p	❶ 682 ❷ 1,584 ❸ 359 ❹ 1,089 ❺ 735 ❻ 1,155 ❼ 1,098 ❽ 1,728 ❾ 325 ❿ 820 ⓫ 1,262 ⓬ 2,190 ⓭ 382 ⓮ 1,012
85p	❶ 326 ❷ 836 ❸ 251 ❹ 800 ❺ 651 ❻ 1,071 ❼ 469 ❽ 1,365 ❾ 687 ❿ 957 ⓫ 504 ⓬ 868 ⓭ 264 ⓮ 936

덧셈·나눗셈 괄호가 없는 혼합 계산 & 괄호가 있는 혼합 계산

88p	❶ ① 3 ② 12 ❷ ① 18 ② 6 ❸ ① 2 ② 10 ❹ ① 16 ② 4
89p	❶ ① 5 ② 9 ❷ ① 14 ② 7 ❸ ① 4 ② 10 ❹ ① 14 ② 7
90p	❶ ① 1 ② 8 ❷ ① 14 ② 2 ❸ ① 2 ② 10 ❹ ① 12 ② 6

165

정답

91p ❶ ① 2 ② 8 ❷ ① 10 ② 5 ❸ ① 9 ② 14 ❹ ① 14 ② 14

92p ❶ ① 1 ② 10 ❷ ① 12 ② 4 ❸ ① 4 ② 8 ❹ ① 12 ② 6

93p ❶ ① 6 ② 11 ❷ ① 35 ② 7 ❸ ① 9 ② 15 ❹ ① 33 ② 11

94p ❶ ① 4 ② 13 ❷ ① 45 ② 5 ❸ ① 10 ② 14 ❹ ① 44 ② 11

95p ❶ ① 14 ② 20 ❷ ① 34 ② 17 ❸ ① 22 ② 28 ❹ ① 72 ② 24

96p ❶ ① 4 ② 9 ❷ ① 50 ② 5 ❸ ① 4 ② 10 ❹ ① 55 ② 5

97p ❶ ① 4 ② 12 ❷ ① 60 ② 5 ❸ ① 3 ② 10 ❹ ① 60 ② 4

98p ❶ ① 4 ② 13 ❷ ① 80 ② 4 ❸ ① 3 ② 7 ❹ ① 72 ② 4

99p ❶ ① 2 ② 18 ❷ ① 24 ② 6 ❸ ① 2 ② 40 ❹ ① 42 ② 21

100p ❶ ① 4 ② 52 ❷ ① 56 ② 28 ❸ ① 3 ② 18 ❹ ① 24 ② 8

101p ❶ ① 2 ② 29 ❷ ① 33 ② 11 ❸ ① 1 ② 61 ❹ ① 65 ② 13

102p ❶ ① 11 ② 29 ❷ ① 84 ② 14 ❸ ① 8 ② 36 ❹ ① 60 ② 15

103p ❶ ① 6 ② 30 ❷ ① 72 ② 9 ❸ ① 8 ② 29 ❹ ① 77 ② 11

104p ❶ ① 9 ② 59 ❷ ① 95 ② 19 ❸ ① 8 ② 44 ❹ ① 108 ② 12

105p ❶ ① 3 ② 27 ❷ ① 60 ② 5 ❸ ① 3 ② 51 ❹ ① 120 ② 5

106p ❶ ① 5 ② 23 ❷ ① 108 ② 6 ❸ ① 4 ② 36 ❹ ① 96 ② 6

107p ❶ ① 3 ② 45 ❷ ① 105 ② 5 ❸ ① 7 ② 40 ❹ ① 110 ② 10

108p ❶ 10 ❷ 2 ❸ 11 ❹ 5 ❺ 6 ❻ 5 ❼ 7 ❽ 2 ❾ 5 ❿ 3 ⓫ 8 ⓬ 4 ⓭ 5 ⓮ 3

109p ❶ 6 ❷ 4 ❸ 11 ❹ 7 ❺ 12 ❻ 8 ❼ 9 ❽ 2 ❾ 5 ❿ 4 ⓫ 4 ⓬ 3 ⓭ 6 ⓮ 4

110p ❶ 18 ❷ 10 ❸ 16 ❹ 9 ❺ 30 ❻ 27 ❼ 15 ❽ 10 ❾ 17 ❿ 11 ⓫ 14 ⓬ 8 ⓭ 24 ⓮ 18

111p ❶ 17 ❷ 9 ❸ 15 ❹ 8 ❺ 27 ❻ 23 ❼ 9 ❽ 9 ❾ 13 ❿ 9 ⓫ 20 ⓬ 16 ⓭ 16 ⓮ 10

112p ❶ 17 ❷ 9 ❸ 10 ❹ 4 ❺ 10 ❻ 4 ❼ 10 ❽ 6 ❾ 9 ❿ 5 ⓫ 7 ⓬ 4 ⓭ 6 ⓮ 3

113p ❶ 16 ❷ 8 ❸ 11 ❹ 4 ❺ 11 ❻ 5 ❼ 8 ❽ 3 ❾ 9 ❿ 5 ⓫ 8 ⓬ 5 ⓭ 5 ⓮ 2

114p ❶ 19 ❷ 3 ❸ 33 ❹ 5 ❺ 38 ❻ 21 ❼ 50 ❽ 8 ❾ 50 ❿ 18 ⓫ 53 ⓬ 28 ⓭ 26 ⓮ 14

115p ❶ 30 ❷ 12 ❸ 58 ❹ 16 ❺ 34 ❻ 19 ❼ 36 ❽ 6 ❾ 35 ❿ 13 ⓫ 66 ⓬ 18 ⓭ 46 ⓮ 10

116p ❶ 27 ❷ 11 ❸ 32 ❹ 11 ❺ 20 ❻ 10 ❼ 69 ❽ 13 ❾ 30 ❿ 10 ⓫ 49 ⓬ 13 ⓭ 44 ⓮ 14

117p ❶ 25 ❷ 11 ❸ 22 ❹ 10 ❺ 30 ❻ 12 ❼ 24 ❽ 12 ❾ 61 ❿ 12

⑪ 47　⑫ 11　⑬ 36　⑭ 15

118p　❶ ① 23　② 4　③ 49　④ 7　⑤ 53　⑥ 5　⑦ 18　⑧ 5　⑨ 40　⑩ 6
⑪ 37　⑫ 5　⑬ 47　⑭ 5

119p　❶ ① 73　② 13　③ 45　④ 5　⑤ 36　⑥ 6　⑦ 77　⑧ 5　⑨ 76　⑩ 10
⑪ 43　⑫ 7　⑬ 43　⑭ 3

덧셈·뺄셈·곱셈 괄호가 없는 혼합 계산 & 괄호가 있는 혼합 계산

122p　❶ ① 15　② 17　③ 2　❷ ① 3　② 9　③ 18　❸ ① 20　② 30　③ 10　❹ ① 7　② 35　③ 54

123p　❶ ① 56　② 76　③ 20　❷ ① 37　② 259　③ 290　❸ ① 24　② 36　③ 12
❹ ① 12　② 96　③ 117

124p　❶ ① 42　② 53　③ 11　❷ ① 28　② 196　③ 215　❸ ① 30　② 50　③ 20
❹ ① 9　② 27　③ 58

125p　❶ ① 60　② 88　③ 28　❷ ① 14　② 70　③ 132　❸ ① 140　② 152　③ 12
❹ ① 75　② 525　③ 582

126p　❶ ① 48　② 58　③ 10　❷ ① 26　② 78　③ 94　❸ ① 126　② 130　③ 4
❹ ① 34　② 238　③ 316

127p　❶ ① 88　② 115　③ 27　❷ ① 41　② 164　③ 216　❸ ① 132　② 158　③ 26
❹ ① 56　② 672　③ 763

128p　❶ ① 204　② 229　③ 25　❷ ① 64　② 768　③ 916　❸ ① 234　② 248　③ 14
❹ ① 55　② 715　③ 890

129p　❶ ① 165　② 168　③ 3　❷ ① 57　② 627　③ 723　❸ ① 308　② 387　③ 79
❹ ① 141　② 1,974　③ 2,198

130p　❶ 71　❷ 287　❸ 40　❹ 106　❺ 31　❻ 101　❼ 75　❽ 523　❾ 101　❿ 749
⑪ 27　⑫ 265　⑬ 84　⑭ 693

131p　❶ 44　❷ 964　❸ 22　❹ 729　❺ 136　❻ 844　❼ 95　❽ 1,210　❾ 168　❿ 1,424
⑪ 92　⑫ 473　⑬ 424　⑭ 642

132p　❶ 6　❷ 807　❸ 4　❹ 1,115　❺ 12　❻ 2,532　❼ 0　❽ 2,496　❾ 115　❿ 6,592
⑪ 187　⑫ 1,795　⑬ 348　⑭ 2,966

133p　❶ 245　❷ 2,774　❸ 177　❹ 2,857　❺ 83　❻ 1,983　❼ 142　❽ 2,414　❾ 223
❿ 9,198　⑪ 42　⑫ 4,102　⑬ 182　⑭ 3,808

덧셈·뺄셈·나눗셈 괄호가 없는 혼합 계산 & 괄호가 있는 혼합 계산

136p　❶ ① 3　② 28　③ 25　❷ ① 9　② 3　③ 13　❸ ① 2　② 41　③ 39　❹ ① 16　② 4　③ 21

137p　❶ ① 2　② 40　③ 38　❷ ① 12　② 6　③ 30　❸ ① 4　② 19　③ 15　❹ ① 4　② 2　③ 9

138p　❶ ① 1　② 42　③ 41　❷ ① 21　② 3　③ 17　❸ ① 2　② 32　③ 30　❹ ① 15　② 5　③ 16

167

정답

139p ❶ ① 11 ② 59 ③ 48 ❷ ① 9 ② 3 ③ 20 ❸ ① 3 ② 111 ③ 108
❹ ① 60 ② 12 ③ 48

140p ❶ ① 6 ② 98 ③ 92 ❷ ① 36 ② 6 ③ 32 ❸ ① 4 ② 73 ③ 69 ❹ ① 16 ② 4 ③ 45

141p ❶ ① 7 ② 121 ③ 114 ❷ ① 35 ② 5 ③ 42 ❸ ① 9 ② 90 ③ 81 ❹ ① 12 ② 3 ③ 45

142p ❶ ① 3 ② 103 ③ 100 ❷ ① 36 ② 3 ③ 34 ❸ ① 4 ② 142 ③ 138
❹ ① 26 ② 2 ③ 66

143p ❶ ① 3 ② 159 ③ 156 ❷ ① 25 ② 1 ③ 60 ❸ ① 3 ② 181 ③ 178
❹ ① 34 ② 2 ③ 98

144p ❶ 59 ❷ 19 ❸ 69 ❹ 51 ❺ 95 ❻ 77 ❼ 89 ❽ 75 ❾ 60 ❿ 36
⓫ 58 ⓬ 46 ⓭ 82 ⓮ 82

145p ❶ 204 ❷ 108 ❸ 208 ❹ 124 ❺ 512 ❻ 344 ❼ 210 ❽ 125 ❾ 379 ❿ 183
⓫ 314 ⓬ 225 ⓭ 311 ⓮ 245

146p ❶ 132 ❷ 32 ❸ 198 ❹ 72 ❺ 207 ❻ 99 ❼ 182 ❽ 102 ❾ 284 ❿ 176
⓫ 240 ⓬ 120 ⓭ 265 ⓮ 153

147p ❶ 541 ❷ 346 ❸ 427 ❹ 257 ❺ 340 ❻ 140 ❼ 441 ❽ 189 ❾ 271 ❿ 118
⓫ 460 ⓬ 250 ⓭ 532 ⓮ 316

사칙연산 실전 다지기 - 혼합 계산 ②

덧셈·뺄셈·곱셈·나눗셈 괄호가 없는 혼합 계산 & 괄호가 있는 혼합 계산

152p ❶ ① 42 ② 14 ③ 14 ④ 0 ❷ ① 2 ② 12 ③ 4 ④ 9

153p ❶ ① 20 ② 10 ③ 17 ④ 7 ❷ ① 4 ② 16 ③ 8 ④ 16

154p ❶ ① 36 ② 12 ③ 28 ④ 16 ❷ ① 9 ② 36 ③ 12 ④ 22

155p ❶ ① 40 ② 10 ③ 33 ④ 23 ❷ ① 13 ② 104 ③ 26 ④ 41

156p ❶ ① 312 ② 26 ③ 84 ④ 58 ❷ ① 12 ② 156 ③ 13 ④ 61

157p ❶ ① 561 ② 33 ③ 125 ④ 92 ❷ ① 17 ② 187 ③ 11 ④ 68

158p ❶ ① 480 ② 30 ③ 111 ④ 81 ❷ ① 32 ② 320 ③ 20 ④ 51

159p ❶ ① 882 ② 42 ③ 148 ④ 106 ❷ ① 42 ② 588 ③ 28 ④ 71

160p ❶ 55 ❷ 47 ❸ 61 ❹ 54 ❺ 50 ❻ 99 ❼ 112 ❽ 102 ❾ 55 ❿ 47

161p ❶ 80 ❷ 65 ❸ 67 ❹ 139 ❺ 57 ❻ 50 ❼ 107 ❽ 67 ❾ 111 ❿ 48

162p ❶ 80 ❷ 95 ❸ 32 ❹ 57 ❺ 75 ❻ 63 ❼ 20 ❽ 95 ❾ 65 ❿ 35